Rameshwara Ronny Hiess

Selbst-Verwirklichung

AF200406

Rameshwara Ronny Hiess

Selbst-Verwirklichung

Bibliografische Information der Deutschen Nationalbibliothek: Die
Deutsche Nationalbibliothek verzeichnet diese Publikation in der
Deutschen Nationalbibliografie; detaillierte bibliografische Daten sind
im Internet über http://dnb.dnb.de abrufbar.

Korrektur und Lektorat: Silke Gerhard
Bernd Wiedemann, Alexander Valenta

Herstellung und Verlag: BoD
Books on Demand, Norderstedt

 ISBN: 9783744871327

Inhaltsverzeichnis

Zuerst

Ergreife mühelos durch dein Sein,
dass nur ungeteiltes SEIN ist,
und es das ist was du bist.

Es gibt keine Zwischenschritte.
vertraue einfach der Tatsache:
DAS ist alles was ist.

Vertrau dich dem im Unmittelbaren an,
lass das Unvermittelbare
sich selbst enthüllen.

Es gibt nichts zweites zu DEM.
DU BIST DAS,

Selbstverwirklichung ist spontan

Selbstverwirklichung geschieht spontan,
gegenwärtig in DEM was ist.

Was uns den Frieden und die Schönheit
des SEINS schmecken lässt, ist die spontane
Abwesenheit – der Geschichten – des ICHs.

Darin wird an einem Punkt offensichtlich,
dass es DAS Absolute ist, was sich in allem,
lebt, sieht und schmeckt. Das Ankommen
darin geschieht aus der Liebe zur Wahrheit,
zu Gott und DEM Absoluten. Diese Liebe
kennt keinen Lehrer und keinen Schüler
und nichts anderes – denn darin wird
offensichtlich: ICH BIN DAS
und DAS ist kein Objekt.

DAS erfasst sich unmittelbar, ohne Zweites.

Du bist – das ist deine Natur.
Du bist nicht der Körper oder dieser
individuelle Ausdruck. Der Körper ist in der
Selbsterforschung ein organisches System,
durch das es sich selbst vollkommen

hingeben kann. Dieser individuelle Eindruck, ohne mentale Interpretation ist SEIN an sich. Das ungeteilte Erleben von SEIN ist die Drehtür zwischen dem Erscheinenden und DEM, was nie in Erscheinung tritt...

Zustände und Erfahrungen wandeln sich, SEIN ist immer, DAS was es ist. Dem schenke alle Verehrung, dies ungeteilt zu Sehen und einfach hier zu Sein ist natürliche Meditation. Es ist DAS Selbst, was immer über sich selbst meditiert. Da ist nie etwas anderes.

Das Lebendige SEIN fließt ungeteilt durch alles Leben. Wird DAS in sich erkannt, endet die Besonderheit des „Ich". Frieden und Liebe erfasst sich, weil gesehen und geschmeckt wird, das du IMMER auf dich selbst triffst und nichts mehr gesucht werden muß. Nichts anderes IST Selbst-Erkenntnis, die Verwirklichung deiner Natur. Dieses spontane Geschehen von Leben, hat im Grunde nichts mit der Person, dem Individuum zu tun. DAS HIER lebt sich immer schon absolut, aus sich selbst heraus.

Selbsterkenntnis ist Freiheit von der Person, nicht für die Person. Die Person wird im Unmittelbaren als illusionär erkannt und löst sich nebenbei auf, in dem Sehen das es „m-ich und d-ich" nie gab.

Alles kann in der Freiheit sein, und in allem kann diese Freiheit gesehen und geschmeckt werden.

In diesem Sehen und Sein – dessen was unmittelbar ist – erfasst sich DAS was das Selbst ist.

Die ultimative Medizin

Wenn du wissen willst, was du wirklich bist,
musst du zuerst wissen, was du nicht bist.
Du bist nicht das, was du wahrnehmen,
fühlen, denken, oder erleben kannst – aber
du bist auch nichts anderes.
Sich diesem Paradox total auszuliefern,
offenbart DAS was nicht kommt und geht,
DAS was und vor und in allen Dingen immer
hier ist. Da braucht es einen Willen und Mut
zur Wahrheit, denn alles was du glaubst zu
wissen oder nicht zu wissen wird ausgelöscht
– das ist nicht ohne.

Schau einfach still: Du bist nicht das, was
kommt und geht. Was ist es, das sich nie
ändert, nie geboren wurde und niemals
sterben kann?

Sehen und Sein ist ein ungeteiltes Geschehen.

Sei der Zeuge all dessen,
was wahrnehmbar ist.

Was ist das, was all das sieht?

Wenn du über das Gesehene nachdenkst,
nach Lösung und Einsicht suchst, landest
du in Objektivierung und Interpretation.
Was aber liegt hinter jeglicher Interpretation?
Was kann nicht interpretiert werden?

Was bleibt, wenn alle Vorstellungen
zurückgelassen werden?

Was bleibt wenn der Tiefschlaf über dich
kommt?

Denk dir keine schlauen Antworten aus,
schaue direkt, erforsche es für dich selbst!
Die Erfahrung, dass du bist, das Gefühl
„Ich Bin – Jetzt Hier", ist zeit-gebunden.

Du weißt, dass du bist, du kannst es
wahrnehmen, du kannst es bezeugen.
Doch WER oder WAS bezeugt das Bezeugen?

Bewusstsein – ICH BIN – ist zeitgebundenes
Erleben. Wenn du im Tiefschlaf bist, ist
nichts mehr davon vorhanden. Dann am
Morgen kommt es wieder spontan über dich,
erst dann kommt der Körper und die Welt.
Jeden Morgen, mit dem Aufwachen, wickelt
es sich so ab. Überprüfe das für dich.

Wenn du herausfindest, was nicht
zeitgebunden ist, was „vor" dem Erscheinen
des „Ich Bin" und damit „vor" dem
Erscheinen des Bewusstseins anwesend war,
hat sich die Absolutheit deiner Natur selbst
entschleiert.

Für den Verstand wird es darauf niemals eine
Antwort geben – selbst treffende Worte sind
nichts als Worte. DAS einmal und zweifelsfrei
erfasst, ist die ultimative Medizin, diese
vollständige Erkenntnis, immer „vor"
und in allen Zu- und Umständen
DAS zu SEIN, was du bist.

In allem unverändert

Erfahrungen, Zustände verändern sich permanent in DEM. Sich der Lebendigkeit, der konkreten, unmittelbaren Erfahrung IN DIR zuzuwenden, bringt eine Verwandlung aus der Stille des SEINS hervor.

Du selbst bist in allem unverändert. Der Wert von DEM was-du-bist, wird offensichtlich, wenn gesehen-und-erlebt wird, dass du bedingungslos bist was du bist.

Ungebundenes, zustandsloses SEIN bist du. Freiheit ist der Geschmack deiner Natur. Ungebunden im SEIN zu verweilen ist sich selbst erfüllendes, sich selbst enthüllendes ER-Leben. ES erlebt, nicht du oder ich. ES erlebt! Lass ES sich schauen, jetzt hier erfasst es sich. ES ist das Erlebende und ES ist das, was alles lebt. Dies kann als das Offensichtliche gesehen werden wenn du, einfach ungeteiltes Sehen-und-Sein bist.

Es geschieht einfach ein Verweilen in DEM, was keine Bestätigung braucht und wortlos ist. Darin können die Dinge kommen und gehen, es kann sich wandeln oder bleiben wie es IST. Du ruhst dich einfach aus, in diesem Sehen-und Sein. Die Süße und Schönheit des SEINS erfüllt den Raum des Erlebens...

DIES zu Sehen und es zu Sein ist stille, ungeteilte Freude. DAS zu SEIN, ist endlose Verwirklichung.

Ein endloses Paradox

Selbstverwirklichung ist ein nicht endendes Paradox. Denn DAS Selbst ist immer schon verwirklicht und DAS bist du. Dies anzuerkennen, DAS zu Sehen und es mit „Leib und Seele" zu Sein, darin verwirklicht es sich durch alles. Dies zu sein entspricht keinem Bild, weil DAS kein Bild ist – Form und Leere lösen sich auf und es bleibt nur DAS was das Selbst ist.

ES realisiert sich, in seiner Zeitlosigkeit, durch Raum und Zeit. Im Identisch-Sein mit dem SELBST siehst du augenscheinlich, dass DAS immer schon realisiert ist und es DAS ist was du bist.

Näher geht es nicht als DAS zu Sein.
Du bist das was IST. Darin lösen sich Konditionierungen, Trauma, Karma, Konzept-Glauben und Bildhaftes ab und verlieren sich in nichts... doch das ist einfach nur ein Nebeneffekt dessen...

Hier und Jetzt, weder dies noch jenes zu
sein, darin bleibt kein Widerspruch, kein
Weg, nichts Wahres, nichts Falsches
nur DAS was das Selbst ist.

DEM gib dich hin
...darin holt es sich nach Hause,
in DAS was nie verlassen wurde.

Das Feuer der Selbsterkenntnis

Das Feuer der Selbsterkenntnis verbrennt alles Vergängliche, und du bleibst als DAS ewige Selbst, was in allem IST was es ist.

Das findet genau HIER statt. Verweile einfach an diesem stillen Feuer des Gegenwärtigen, dem Wort-losen DU, bei dir.

Du bist DAS, was jetzt und immer unverändert Wirklichkeit IST.

Du bist, wann ist das nicht?

Die Ausrichtung auf DAS

Es gibt keine festen Zustände – es gibt kein reales Ich. DAS was du bist ist kein Zustand, es liegt nicht im Bereich der Erkenntnisse, es ist nichts was du wissen, lernen oder erreichen könntest.

Weil man DAS nicht kontrollieren kann wird oftmals die Suche nach dem Selbst verdreht, DAS wird zu einem Objekt gemacht: man möchte durchlässiger werden, entspannter, friedlicher, glücklicher, in Liebe sein, harmonischer, geheilter, Heil und Ganz, im Einklang mit Allem – alles schöne Träume. Maximal sind das Nebeneffekte, die sich aus sich selbst heraus einstellen.

Viel wesentlicher sich DEM ungeteilten Prinzip anzuvertrauen – nicht daran festzuhalten – sondern sich darauf auszurichten, sich dem anzuvertrauen und zu Sehen und zu Erleben dass das immer bei dir ist. Dass das überall wo du hinkommst bereits da ist und es DAS ist was du bist.

Gib dich DEM ungeteilt hin und es wird sich dir vollkommen schenken. Die Ausrichtung ist etwas Organisches, Lebendiges... Im Body-Mind-Organismus taucht Sehnsucht auf, oder das Gefühl, der Gedanke, gefangen zu sein und der Wunsch nach Befreiung. Deshalb ist es wertvoll sich DEM organisch anzunähern und im unmittelbaren Sein zu sehen, dass DAS HIER immer frei ist – dass die Erfahrung an sich keinen Besitzer hat.

Das sich Ausrichtung ist ganz simpel, einfach das Unmittelbare unmittelbar zu erleben. Sehen-und-Sein, darin erfasst es sich...

In der Ausrichtung und der Hingabe an DAS Unmittelbare ergibt sich, ganz aus sich heraus, dass da nur ungeteiltes Sein IST. Es ist einfach das Spüren und Erleben, ohne gedankliche Interpretation. Du spürst den Körper, das Sitzen hier, so wie es gerade erlebt werden kann. Und in diesem direkten Sehen, ist da ein Körper? ...ist da kein Körper? Oder weder noch?

Dieses „weder noch", öffnet den Blick auf DAS was du bist. DAS ist kein Objekt, in keinster Weise, und doch ist DAS nicht zu leugnen.

Du weißt, dass du bist, aber nicht was du bist. Alles was du wahrnehmen kannst, bist du nicht – doch du bist auch nichts Anderes. DAS hat weder Anfang noch Ende...
An diesem Punkt beginnt sich
die Quelle zu erfassen.

Der innere Kompass

Im Grunde bin ich in einem Land, das ich
nicht wirklich kenne. Egal was ich meine zu
wissen oder was ich erforscht habe, es bleibt
DAS Erscheinen des Unbekannten. Ob ich die
Gesetzmäßigkeiten, die hier wirken, kenne
oder auch nicht – der nächste Moment bringt
das hervor, was er hervorbringt. Ob ich die
Sprache kenne, die hier gesprochen wird,
oder auch nicht – im Grunde gilt es nur,
mich auf diesen Moment einzulassen und
bereit zu sein der Frische des Seins
zu lauschen, mich berühren zu lassen,
zu spüren und zu bemerken
was jetzt wirklich IST.

Denn im Grunde ist jeder Moment vollkommen neu und unbekannt. Das was hier
unmittelbar erscheint ist die Offenbarung des
Unvermittelbaren. Das beständige Einlassen
auf das gegenwärtige Unmittelbare eröffnet
immer wieder frisch und vollkommen den
weg-losen Weg, DAS zu SEIN was ich bin...

Das kann nicht gewusst werden, immer
wieder sind die bekannten Mittel und das
was gelernt wurde nutzlos. Und immer wenn
versucht wird an eine vergangene Erfahrung
anzuknüpfen und an dem zu halten was so
bekannt erscheint, hafte ich ganz leicht an
einem „Objekt" und verwickele mich dabei
in den Traum „jemand und etwas" zu sein.

Darum nutze ich den inneren Kompass,
das wort-lose ICH BIN. Ausgerichtet auf
mich SELBST, bei dieser Wanderung auf
dem Weglosen Weg: Überall wo ich
hinschaue und bereit bin, einfach das was
da ist zu sehen, bin ICH und DAS ist kein
Objekt. Es geht einfach darum, dies was da
ist, in der Frische des Unmittelbaren zu
sehen und sich vom Un(ver)mittelbaren
erfassen zu lassen. Und darüber hinaus
einfach nur zu Sehen, zu Sehen, zu Sehen…

…und HIER-zu-Sein.

Darin ist alles gegeben,
daraus ergibt sich alles.

DAS Selbst ist immer DAS was es ist.
In der Unmittelbarkeit von dem was jetzt
hier ist offenbart sich der Wert deiner Natur,
zu SEIN was-du-bist.

Die Hingabe an DAS was du bist

Zu erkennen was du bist ist sehr simpel:

DU BIST, nur nichts von dem was erscheint!

Doch es braucht Mut und Entschlossenheit
dieses Erkennen wirklich zu durchdringen,
alles an ALLES hinzugeben, und DAS zu sein.

DAS nicht nur als konzepthaften,
philosophischen Inhalt einer Schublade
des Ich-Geistes mit sich spazieren zu tragen,
sondern DAS LEBEN zu empfangen ohne
damit etwas anzufangen, in Berührung zu
sein mit dem was ist, ohne an etwas fest zu
halten und aus sich heraus DAS zu Sein
was du bist.

DAS offenbart sich im Erleben dessen was
ist, im Atmen, Schauen, Still-Sein – darin
ist Grundlosigkeit grundlos zu entdecken.
Einfach wahrnehmen und erleben was ist,
ohne den Bildern hinterher zu rennen,
vielmehr sie fallen zu lassen
und bildlos DAS zu sein.

In diesem Schauen werden all die Strukturen,
die temporär erscheinen, durchdrungen und
fallen gelassen. Alles was dich als „jemand
und etwas" ausmacht wird durchdrungen,
und die MAYA verliert so ihre hypnotische
Kraft über dich, weil du aus der Grund-
losigkeit deiner Wahren Natur siehst,
dass du bist was du bist.

Der Sucher ist das Gesuchte, immer schon
gewesen. Und im Nicht-Finden kann sich das
was du bist total erfassen.

Freiheit entfaltet sich im HIER-SEIN ganz aus
sich heraus in der Gewissheit, dass du in
allem bist was du bist.

Sterben in DAS was Leben ist

„Mein Freund mit dem ich mal hier war ist
nicht mehr unter uns ist. Er ist auf den
Kanaren von einer Klippe gestürzt. Wie gehst
du damit um, wenn Freude, Menschen,
die dir nah sind, sterben?"

Es gibt keinen bestimmten Umgang – das
was geschieht, geschieht. Wertvoll, wenn
innere Reaktionen vorbehaltlos ohne Ver-
drängung, ohne ausagieren, ohne Zensur
geschehen, gefühlt und erlebt werden
können. Darin öffnet sich in der Szene
DAS was Freiheit ist – diese Freiheit des
Unmittelbaren macht die Sicht frei auf das
was wir in unserer Natur sind.

In der Bereitschaft vorbehaltlos zu erleben,
zeigt sich dann auch ungewolltes Verdrängtes
– gibt es dagegen keinen Widerstand, keinen
Widerstand gegen den Widerstand, und wird
es pur geschmeckt und vorbehaltlos erlebt,
offenbart sich darin DAS Ungeschaffene –
was im Grunde DAS Unbekannte ist, weil es
kein Objekt ist das wir kennen und erfassen
können.

Es ist DAS was wir in unserer Natur sind. DAS Ungeschaffene ist nichts was geboren wurde, es stirbt nicht und ist meine und unser aller wahre Natur.

Auch wenn da eine herzliche Offenheit ist, wenn ich das jetzt höre, kümmert mich der Tod wenig.

Es ist jetzt sicher schon zwei Jahre her; er kam ein halbes Jahr immer zum Satsang, ich hab ihn auf einmal nicht mehr gesehen. In den letzten Begegnungen erzählte er was er sucht. Ich würde es so zusammenfassen: Abenteuer, in der Welt zu reisen und Erleuchtung finden. Wortlos, aber bestimmt, riet ich von alledem ab, als er sagte er suche Erleuchtung, hörte es sich eher nach einer abenteuerlichen Vorstellung, statt nach Selbsterkenntnis, Verwirklichung, Erlöschen an – mein Rat hätte ihn innerlich als Person sterben lassen und die Wahrheit von DEM was-er-ist tief in ihm offenbart.

Alles führt in den Tod: Alles Bekannte geht ins Unbekannte über, das ist die Natur der Dinge – darin liegt Frieden. Wird diese Qualität in uns groß, dass wir uns selbst immer wieder überraschen, Bewegung aus der ungeteilten Präsenz und nicht aus dem

Gewussten, Gewohnten stattfindet, Sein aus dem Unbekannten geschieht, bleibt nur DAS was ununterbrochenes SEIN ist, als lebendige umfassende Realität, die nicht zu definieren ist. In diesem nicht Definieren bleibt ein endloses auskosten und SEIN was-du-bist.

Zweifle nicht

Zweifel liegt in der Natur der „Sache",
lass dich nicht in die Irre führen. Lass die Energetik des SEINS einfach hier sein...
Wenn dich Schmerz und Zweifel überkommt, ergreife die wortlose Erkenntnis deines Gewahr-SEINS – die wort-lose Gewissheit, dass du bist, was du bist.

Darin zerreißt der illusionäre Schleier, der dich in der Verhaftung des Ich-Seins halten möchte und Dir suggeriert, Individuum, „jemand und etwas" zu sein. Halte dich an das lebendige SEIN in dir, denn im Angesicht deines Seins löst sich alles Vergängliche auf und DU bleibst als DAS ewige, was ungeteilt vor jeder Wahrnehmung ist.

Zweifel wird aufkommen, oder auch nicht, schenke der Erfahrung keinen Glauben. Mach dir keine Sorgen. Wenn der Zweifel alles was da ist anzweifeln darf, bleibst du als DAS was zweifelsfrei IST.

Darin liegt grundlose Freude, da ist Liebe, Frieden der beständig IST. Darin eröffnet sich der Weglose Weg zu SEIN was du bist: Das Lebendige, das Beständige, Offensichtliche, Nicht-Wissbare weist den Weg durch DAS Leben, wie es sich zeigt.

GOTT, No Way Out

„Warum will Gott mich denn nicht einfach auffressen?"

Du bist ES doch selbst – greif zu, es ist seit Ewigkeiten schon gedeckt. Du kannst einfach kosten wie es jetzt wirklich ist – und dich dabei verspeisen lassen. Es durch jede Zelle und das was da ist erleben, ohne es an einem bestimmten Erleben fest zu machen. Darin liegt das selbsterfüllende Sein offen zu deinen Füßen, und das kann bis zum Ur-Grund geschmeckt werden und alles auslöschen – dass nur DAS bleibt was du bist. Leben ist nichts anderes als ein Fressen und Gefressen werden. Ein endloser Nahrungs- und Verstoffwechselungsprozess.

Sich auffressen lassen, nah mit der Sehnsuchts-Flamme... einfach still, mit dem was ist.

„Alles scheint so sinnlos zu sein, no way out. Es gibt auch eine Seite, die dieses ganze Drama einfach sieht, ich weiß es einfach nicht..."

Willkommen in der Ausweglosigkeit und der Sinnlosigkeit deiner Selbst; sie ist ein offenes Tor, in DAS was du bist. Das Schöne, wenn du dich dem hingibst, bleibt weder Sinn noch Sinnlosigkeit – kein Ausweg wird gebraucht, weil du ausweglos DAS Selbst bist. Doch DAS entspricht keinem Bild. In der Abwesenheit von diesem bildhaften, gedachten Ich mit seiner Geschichte, ist es offensichtlich. Darum verlasse den denkenden, bildhaften Verstand und all die Dramen die daraus entstehen; sei hier, atme. Sei einfach, Hier, ganz bei dir – da ist nichts anderes als DAS. Lass dich immer tiefer davon aufnehmen.

Und manchmal kann es auch das TOTALE im Drama sein sein. Wenn es keine Alternative dazu gibt, ist es Frieden an sich.

„Ein Bild ist mir vom Satsang am Samstag noch in Erinnerung, es kommt immer mal zwischendurch und erfreut mein Herz.
Du erzählst von dem vierjährigen Ronny im Sandkasten, ganz unschuldig, offen, verletzlich, lebendig. Das hat mich sehr berührt, wie Du das gesagt hast. Da kriege ich totale Lust mich einfach dazu zu setzen und mit dir zusammen im Sand zu buddeln."

Ja, darin ist nur DAS-was-ist, Energie an sich, ungeteiltes SEIN ohne einen Besitzer. Freude, Tränen, Glückseligkeit, Liebe ohne Besitzer. Das was IST, ist sich selbst die totale Erfüllung.

Die Stille, den Moment und das was da ist schmeckend – einfach verliebt in DAS, nicht-tuend buddeln bis zum Urgrund, so dass nur DAS bleibt. Ja setz dich dazu, es ist mir eine Freude.

Das was offensichtlich ist

„Ist der Weg der Hingabe förderlich,
um zu erkennen wer ich bin?"

Wer glaubst du zu sein?

„Keine Ahnung"

Wunderbar. In der Hingabe an dieses: „Keine
Ahnung" kann alle falsche Identifikation
fallen und du bleibst als DAS übrig was nicht
gewusst werden kann und deine Wahre Natur
ist.

„Krass. Nach all den vielen Konzepten über
alles Mögliche. Bei einem Darshan bei Swami
Vishwananda ist so viel Liebe in mein Herz
gepflanzt worden. Ein Samen sozusagen. Das
hat die ganze Leinwand von Konzepten und
Vorstellungen weggefegt. Aber ein
Restzweifel ist dennoch vorhanden."

Es ist schön Liebe zu erfahren, in Liebe zu Sein. Aber DAS was du bist kann dir keiner geben und ist nichts was kommt und geht.

Liebe ist der Stoff aus dem das Universum ist, doch DU warst schon da bevor etwas wurde und DAS ist jetzt und immer schon hier und in dem Sinne kein Objekt.

Dieses „keine Ahnung", dort wo du weder weißt noch nicht weißt, dem gib dich hin, und DAS Selbst enthüllt sich immer tiefer und umfassender und zweifelsfrei als DAS was-du-bist.

Der Zweifel kommt daher, weil der Darshan, der freie Blick, das Empfangen von Liebe etwas ist was kommt und geht. DAS was du in deiner Wahren Natur bist kommt nicht, es geht nicht und ist kein Objekt.

Vertrau dich einfach DEM an was hier ist, das ist genug. Darin erfasst sich DAS.

Das was nicht zu verstehen und doch offensichtlich ist, IST das eine Selbst. Dem vertrau dich an, davon lasse dich erfasst sein.

Alle Hingabe gilt DIR

Ich werfe mich nieder vor diesem
Parabrahman, dem EINEN ohne Zweiten
wo nichts anderes ist. DEM Sadguru in mir,
der DAS ist was ich bin.

Ich werfe mich nieder vor jedem Suchenden,
der schon von Anfang an das Ziel erreicht
hat, und darin nichts-anderes als DAS
Gesuchte ist.

In der Verehrung von Gott, dem Guru,
dem eigenen Einen Selbst, ist nichts anderes
als DAS. Darin ist alles Gesuchte bereits
HIER, und alle Vorstellungen darüber sind
erloschen.

Der Sucher ist DAS Gesuchte, immer schon gewesen. Gott und sein Devotee sind in nichts voneinander verschieden.

In der Bereitschaft mich wortlos mir selbst hinzugeben, bin „ich" bereits verloren, weil nur DAS SELBST IST.

Alles Seiende ist das eigene Selbst.

Alles ist DAS, und DAS BIN ICH.

Alle Verehrung, alle Hingabe gilt DIR – diesem Wort-losen Wissen und SEIN in mir. Alle Hingabe gilt dem, was DAS Höchste IN MIR, als das Offensichtliche hervorbringt, und jedes „mir" erlöschen lässt.

Alle Verehrung gilt DIR.

Alle Hingabe geschieht einzig IN MIR.

Selbst-Liebe

Atma-Prem ist die ungeteilte Liebe des SEINS, in der sich DAS Selbst erfasst.

SEI einfach still und liebe; darin eröffnet sich, dass du ungeteiltes absolutes SEIN bist.

Die LIEBE SELBST kann einem das Herz herausreißen, so dass nur DAS HERZ bleibt.

Atma-Prem, SELBST-LIEBE ist ein Pfad der Verwirklichung, der – mit jedem Schritt – in sich selbst Vollkommenheit IST.

In Liebe Sein

Ob du willst oder nicht, die längste
Liebesbeziehung hast du mit dir selbst.
Jeden Morgen wachst du doch mit dir auf.
Sei dir selbst dein treuester Freund und
Geliebter – darin ist die Wahrheit, die IST,
aus sich selbst heraus offenbar.

Vertrau dich DIR an, mit dir musst du durch
dick und dünn. Dies hier ist die Liebe, der
du immer wieder deine ganze
Aufmerksamkeit schenken kannst. Sei einfach
bei dem direkten Erleben, dass du bist.

Vielleicht ist gerade niemand da, der dich in
Liebe sieht, niemand da, der in Liebe mit dir
IST. So what. Dies hier kann eine Einladung
für dich sein, die Liebe in dir selbst zu
spüren, in Liebe zu spüren was da ist und
sanft mit dir zu sein.

Lass dies wort-lose DU SELBST deine
beständigste Liebesbeziehung sein.
Wenn du still sein kannst mit der Sehnsucht,
der Verzweiflung, der Traurigkeit, der
Freude, der direkten Erfahrung, so wie sie
sich zeigt, wenn du zum Gesuchten wirst,
du das Gefundene bist, wird die Süße der
Hingabe an dich selbst und die Liebe des
Ganzen offensichtlich zu deinem Begleiter –
es ist der RAUM der du selbst bist und DAS
ist kein Objekt. Ungeteiltes Bewusstsein ist
das was du deinem Wesen nach bist. Es ist
immer umfänglich hier, in Stille, in Liebe,
ohne Objekt zu sein.

Alles was ist, ist Bewusstsein – schau
einfach, das SEIN ist in dir und um dich
herum; DEM vertrau dich an. Sei einfach still
und liebe und es bleibt nur DAS was ohne
Zweites ist.

So simple.

Liebe einfach nur

und sei still

Was du nicht ändern kannst

Vielleicht ist genau das, was du nicht ändern
kannst, das was dich ändert. Dort wo weder
Philosophie-Konzept, Wertung, Urteil oder
Selbstkritik greifen, findet wirkliche
Berührung mit dem Leben statt,
SO wie-es-ist, jetzt gerade hier.

Dies Betroffen-Sein und das berührbare
Sehen, öffnet für das Mitgefühl selbst,
worin ein immer tieferes Wurzeln
in DEM was Herz ist geschieht.

Mitgefühl ist kein Happening, der persönliche
Traum löst sich im Unbewegt-Sein des
Herzens auf. „Ich habe Mitgefühl mit dir"
ist kein Mitgefühl, sondern eine persönliche
Vorstellung und nichts als Ignoranz deiner
eigenen NATUR gegenüber. Mitgefühl ist
Sehen-und-Sein, ... ist unmittelbares Hören,
Sehen, Riechen, Schmecken – Berührung wo
es nichts Zweites gibt.

...darin bin ich und der Nicht-Andere als
Akteure gar nicht Vorhanden. Da ist nur
dieses stille ungeteilte SEIN und das ist
alles-was-ist.

Zu Sein ist mehr als genug. Es ist so wertvoll und befreiend hinzuschauen, was in dir geschieht – und da zu bleiben. Einfach zu sehen welche Gedanken auftauchen, zu fühlen was an Gefühlen gefühlt werden kann und mit DEM zu sein.

Ein Erfassen des SEINS durch alles hindurch geschieht. Dafür braucht es Demut – den Mut das Bild von dir selbst, wie es gerade erscheint, fallen zu lassen und dich DEM Unfassbaren hinzugeben.

Mitgefühl entspringt im ehrlichen Sein mit dem was da ist... Hingabe, ganz pragmatisch, gibt das hin was gerade da ist... Es ist ein Verlassen all der Geschichten und die innere Bereitschaft loszulassen, alles zu lassen und einfach zu Sein.

Die Verwandlung geschieht in der Stille, im Unbekannten in dir. Ohne dass es einem Bild entsprechen muss...
Vertrau dich dem immer wieder NEU und vollkommen an, DAS ist alles, darin erfasst sich ALLES.

Es ist wie ein beständiges Hindurchgehen, ohne zu wissen was da wirklich geschieht, und wenn du durch bist, ist es weg, als wäre es nie gewesen.

...und weiter geht's, du kannst dir nicht entkommen, weil du DAS bist.
DU BIST DAS, immer schon,
in allem.

In diesem beständigen Hindurchgehen ist auf einmal derjenige weg, der durch irgendetwas hindurchgehen könnte. Dieses scheinbare Ich, das Bild von dir, ist vollends verschwunden. Das „Ich" ist verschwunden, und es war nie gewesen. Da bleibt nur DAS was immer und in allem ist. Das was immer und unverändert IST, DAS bist du.

Das Problem

In der Idee der Lösung liegt das Problem.
Hier geht es weder um das Leugnen des
Lebens wie es erscheint, geschweige denn um
das Basteln an den Dingen – Veränderung ist
das Natürlichste, nichts was wir tun müssten.
Wertvoll, sich dem Fluss des Lebens hin-
zugeben, hierin sind wir uns näher als nah.
Hier eröffnet sich die Möglichkeit, dem
WESEN an sich auf den Grund zu gehen und
sich als DAS zu erfassen.

Wenn es hier um etwas geht, dann darum, dass
du immer und in allem bist was du bist, DAS für
sich zu entdecken, sich DEM anzuvertrauen und
DAS zu sein. Die Entdeckung des Selbst, das
beständig und unverändert IST, wird oft verkannt,
weil kaum in Klarheit geschaut wird, WER BIN
ICH?

Meistens wird gefragt nach dem: Wie geht
das, wie kann ich das machen, wie komme
ich weiter, wie komme ich auch dort hin wo
du bist ??? Genau diese Art der Suche und
Erforschung bindet an den Traum des Ich's
und an die illusionäre Vorstellung von
Erleuchtung.

DAS zu entdecken was ich wirklich bin,
darin liegt eine Freiheit, die nicht an
Phänomene gebunden ist. In dieser
Erforschung und Entdeckung, an keinem Bild,
keiner Antwort hängen zu bleiben, öffnet
immer tiefer dafür, in der NATUR selbst zu
münden und in allem zu SEIN-was-ich-bin.
Aus diesem lebendigen Identisch-SEIN
organisiert sich das Leben auf eine
wunderbare, herausfordernde Weise.
Herausfordernd ist es, denn die Bilder wie
sie jetzt auftauchen, an die wir so lange
glaubten, werden mit allem durchdrungen
und fallen-gelassen.

...es geschieht aus der ungeteilten Energetik
des Hier-Seins. Es lädt uns ein, in jedem
Moment frisch zu sehen, zu fühlen, zu
erleben und ungeteilt zu sein. Darin wird
die Freiheit, die wir sind, im lebendigen
Ausdruck des Lebens offensichtlich.

In der Idee der Lösung liegt das Problem,
denn es ist genau die Vorstellung, das hier
könnte gelöst werden, die erst suggeriert,
dass es so etwas wie ein Problem gibt. Im
Lassen all der Ideen kann „der ich-Geist" im
lebendigen SEIN bis aufs Letzte verblassen
und darin bleibt einzig DAS was-sein-ist.

Hier geht es weder um ein Leugnen von Tatsachen, noch um das Basteln an einem Traum. Vielmehr ist es die Einladung sich DEM Unmittelbaren vollkommen anzuvertrauen, zu SEIN was ich bin und dem auf Grund gehen – immer tiefer zu wurzeln in DEM was-Selbst-ist, und mich im eigenen Grund durch alles erfasst sein zu lassen.

Befreiung liegt in der unumstößlichen Gewissheit, dass DAS HIER Freiheit ist, das DU DAS BIST.

Freiheit die stets da ist

Vertrau dich doch einfach der Freiheit an –
komm in dieser Freiheit hierher oder geh
deiner Wege. Eben in Freiheit,
interpretationslos,...

*„Mir wird jetzt immer klarer was ich schon
seit Menschengedenken suche. Es ist die
Freiheit selbst."*

Und das Verrückte, mit dem Suchen danach
wird die Freiheit überdeckt... Die Freiheit,
die deine Natur IST, wird offensichtlich,
wenn alles wortlos da sein darf. Nicht in
Gedanken-Spielen – als neues Verstandes-
Konzept – sondern so, dass das was da ist
unmittelbar gesehen wird und sich in
diesem ungebunden Schauen die Natur
des Bewusstseins frisch zeigen kann, als
das was immer da IST und das was du bist.

Da gibt es kein ich und du, kein Sein und
etwas anderes. Einfach das, was gerade
offensichtlich geschieht.

Die Freiheit, die immer IST, kann nur
jetzt-hier ergriffen werden – SIE ergreift
dich, wenn du bereit bist vorbehaltlos zu
fühlen, vorbehaltlos zu er-leben, vorbehaltlos
zu sein, zu SEIN was-du-bist – ohne ein Bild
darüber.

„Wie kann ich frei werden?"

Finde das Ich das frei werden will,
und ich kann dir zeigen wie du frei werden
kannst.

„Es gibt kein Ich."

...darin lass dich nieder und siehe im
Gegenwärtigen, dass der Gedanke frei werden
zu wollen nur ein Gedanke ist. Und im
unmittelbaren Fühlen und Erleben dessen was
ist zerbröckelt dieses „ich...", das nur aus
Vorstellungen besteht. Und diese Freiheit,
die deine Natur ist, bleibt DAS was du bist.
Sei frei von der Berührung mit dem „Ich
bin".

In der Abwesenheit von Namen und Form ist die ultimative Wahrheit offenbar, die Freiheit an sich ist. Sei nah mit dem wortlosen SEIN, sei still mit dem was ist; darin geschieht die Versöhnung mit dem ungeborenen SEIN, was deine Natur ist. Alles andere ist verbales Wissen und nutzlos.

Gefangen-Sein ist nur vorhanden durch die Identifikation und gedankliche Beschäftigung mit Name und Form. Das Beste was du diesbezüglich tun kannst, dass sich die Freiheit, die deine Natur ist, umfänglich erfassen kann: SEI einfach wort-los mit dir, schmecke die Ganzheit und die Freiheit, die immer und in allem ist.
Lass dich davon auffressen...

Sei Das was Freiheit ist

Das was immer ist

„Ich hatte ein Satori; als ich allein spazieren war hielt ich an, schaute übers Feld der Sonne entgegen und spontan war alles weg, nur ewiger Raum, ewige Stille... Ich weiß nicht wie lange das war, ein paar Minuten, eine Ewigkeit. Im Nachklang wird die Welt extremer erlebt, grauer, aber auch schöner. Tiefe Stille, aber auch tiefe Konditionierungen kommen an die Oberfläche und wüten. Wunderbar, wenn die Stille wütet bis nichts mehr bleibt, aber auch krass wenn ich von den Dingen – Gedanken und Gefühlen – überrollte werde. What to do?"

Halte dich an das was immer ist.
Das was wahrnimmt ist unverändert, darin erfasst sich DAS Selbst. Satori und die Welt, ich und du, Trennung und Einheit, das ist die Polarität der Erscheinungen. Das was sieht ist für jeden zugänglich, keine Besonderheit, keine Trennung. Münde einfach in dem was immer ist, darin sei relaxt und beständig. Das was alles sieht und Kein-Objekt ist, ist nicht bedingt durch das was geschieht. SEI DAS.

Der Preis

Manchmal wird gesagt: Der Preis bist du.
Manchmal wird gesagt der Preis ist, einfach
in Frieden zu sein, in Liebe zu sein mit dem
was ist.

In Frieden zu sein, ja allein das ist schon
sehr riskant, weil da kein Platz ist für
Gedanken, Geschichten, Gefühle und Dramen,
die sich als Realität aufspielen können. Nur
das macht ein „Ich" aus. Nur der Glaube an
Vorstellungen bestätigt eine Identität, die
niemals Realität hatte...

Der Preis ist der Verlust jeglicher Identität –
weil du selbst DAS Unfassbare bist.
DAS ist nichts was man sich irgendwie zu
eigen machen könnte, nichts was man fassen
kann. DAS erfasst dich, und dann bist du
weg.

In der Hingabe und dem sich Anvertrauen an
DAS was du bist, ist alles erfasst. Das ist
kein Akt des Tuns, des Erkennens und
Verstehens, es ist ein Akt des Lassens und
Seins. Sei einfach, DAS was-du-bist.

Alles, was erkannt und erfahren wird,
wird wieder verlorengehen – alles ist
vorübergehend. Die Zukunft hat noch nie
jemand erreicht, die Gegenwart ist schon
vorbei bevor wir sie erfassen, die Vergangen-
heit ist nur eine Erinnerung. Das Erscheinen
von dem, wie es sich zeigt, ist maximal ein
Hinweis auf das was unmittelbar ist, worin
DAS Unvermittelbare ohne ein Zweites auf
sich selbst trifft.

Jedes Erkennen ist unbedeutend und
vorübergehend, da offensichtlich ist, dass du
Selbst nichts bist was du erkennen kannst –
denn wie könnte sich DAS Auge selbst
sehen?

Jedes Erkennen, egal ob es DAS Tiefst-
Mögliche oder ein Butterbrot ist, ist eine
Seifenblase. Genieße es in dem Moment, in
dem sie sich zeigt – das ist auch schon alles.

Der entscheidende Punkt ist, dass du nie
wissen kannst, nie wirklich erfahren kannst,
was du bist. Paradoxerweise geschieht genau
in diesem Einsehen und Aufgeben des
Erfahrungsspiels und deiner Selbst ein tiefes
Erfassen, dass du DAS bist was du bist.

DAS Herz

Sei einfach still – identisch mit dem was ist;
darin wird das offensichtlich was Stille IST;
darin wird offensichtlich, dass du DAS Selbst
bist, darin wurzle.

Verweile in deinem Herzen,
Sei einfach DAS was Herz ist.

DAS Herz ist das was in der Abwesenheit
von Wünschen, Vorstellungen und Objekt-
ivierungen ungeteilt offensichtlich IST.

Verweile einfach in diesem
wortlosen DU das immer bei dir ist.

Die Verwandlung in DAS

Die Verwandlung in DAS was du immer schon bist, geschieht, wenn du bereit bist, das was gerade da ist pur zu erleben und vollkommen darin zu verschwinden – jede Idee in die Grundlosigkeit des SEINS fallen zu lassen. Nicht nur einmal, sondern immer JETZT.

Da bleibt nur DAS was das Selbst ist, da bleibt keine Vorstellung bestehen, da bleibt nur DAS ohne Zweites. Sich dem was ist immer wieder total hinzugeben, alle Vorstellungen, Ideen und Konzepte fallen zu lassen – löst eine Angst im Verstand aus: du könntest die Kontrolle verlieren. Doch es ist nur ein Gedanke und ein Gefühl, was den Body-Mind bestätigen und die Geschichte am laufen halten will. Du verlierst nicht die Kontrolle – du hattest sie nie. Es war und ist immer nur DAS.

Vertraue der Tatsache, dass du DAS bist, und lasse alles Erscheinende bereits in seinem Auftauchen jetzt hier zerfallen, greif es nicht auf.

In der Aufrichtigkeit zu sein was-du-bist und der liebenden Hingabe an DAS, bleibt nur DAS was immer ist und DAS BIST DU.

Lasse ab von dir

Im Grunde gibt es keine anderen Möglichkeiten mehr, wenn Gott als DAS einzige akzeptiert und erkannt ist, als sich DEM total hinzugeben. Ein sich Hingeben an DAS, zu dem es nie einen Abstand gab...

...und darin das „andere" gehen zu lassen, so mit jedem Atemzug, jeden Moment von Erleben tiefer in die grundlose EXISTENZ dessen was du bist hineinzufallen.

Lass das Denken, und ver-lasse die Routine der Selbstbehauptung „jemand und etwas" zu sein. Lass dich sein, wie DAS SEIN seinem ungeteilten Wesen nach jetzt gerade ist.

Nichts was zu tun wäre...

...mehr ist es ein beständiges sein mit dem was ist, ein ungeteiltes beobachten der Energetik selbst. Ein beständiges bemerken wie die Energie jetzt in diesem Moment arbeitet. In diesem Sinne ist es gar kein bemerken oder beobachten – es ist ein totales sein mit dem was ist. Sein an sich, Hier eröffnet sich GANZHEIT selbst...

Der Wert dessen eröffnet sich unumstößlich in diesem Sehen und Sein, dass du die eine Wahre Natur selbst bist. Da wurzle immer tiefer – lass es einfach geschehen.

Frieden

Frieden ist da, wo ich einfach nur hier bin.

„Gibt es etwas was nicht Frieden ist?"

Es gibt alles Mögliche und Unmögliche auf der Bühne des Lebens, und es ist ein Genuss, ein Geschenk, Gnade, Frieden, zu sehen und zu sein was seinem Wesen nach umfassend ist.

Philosophisch-Konzeptuell würde ich dir vielleicht zustimmen, aber ich bin nicht am Konzept, mehr an der lebendigen Wahrheit interessiert.

„Mit anderen Worten: Bei der „lebendigen Wahrheit" gibt es auch sowas wie Unfrieden."

Mit anderen Worten: Die lebendige Wahrheit offenbart sich in der Bereitschaft das was ist umfassend wahr sein zu lassen. Einfach ein pures Sehen und Erleben das gerade geschieht. Dieses pure Sehen und Sein macht sich nirgendwo fest und mündet in der einen Wahrheit – die keinen Begriffen entspricht. Frieden offenbart sich als umfassendes SEIN, wenn ich bereit bin mit dem was ist in Frieden zu sein – einfach nur hier mit dem was ist.

So simple

Wenn du still bist und keine Konzepte
beherbergst, wer bist du?

In der stillen und offenen Nicht-Antwort der
Frage „Wer Bin Ich?" tritt Einheit aus sich
selbst heraus ins Erleben.

Einheit ist hier: DAS was schaut
und das was gesehen und erlebt werden
kann, ist nicht von einander verschieden.
Sehen-und-Sein da gibt es keine Trennung.

Mach dir keine Gedanken, der Ärger kommt
schon von selbst, oder auch nicht. Gib dem
keine Bedeutung, selbst hartnäckige Muster
unterliegen dem Vorübergehen.

So simple, bleib bei dem was gegenwärtig
und beständig ist. Es ist deine Natur
zu SEIN was-du-bist.

Sei einfach, darin ist alles gegeben,
darin erfasst es sich. Kein entkommen,
DU BIST DAS.

In Stille Sein

Nimm einfach Platz im Unmittelbaren,
sei einfach mit dem was ist, und lass dich
erfassen von DEM was nicht vermittelbar ist.
Sitzend, mit geschlossen Augen oder das
SEIN in dir schauend. Verweilend am
Nullpunkt, inmitten von diesem ICH BIN,
sich erfassen lassen von dem-was-IST.

Eine Einladung einfach zu spüren und zu
sehen: Um so mehr ich in mir selbst stehe
und einfach Sehe was IST, umso
offensichtlicher wird, dass ich nicht allein
bin im SEIN, weil DAS SEIN alles ist was ist.
Das ganze Universum ist in mir und
ich bin DAS was dem ungeteilt vorausgeht.
Erfahrung und die Perspektive auf das
was erscheint wandeln sich, das ist ganz
natürlich, so kann sich das Erleben von
Einheit zu Alleinsein wandeln. In der
Bereitschaft es PUR zu erleben wie es
sich jetzt gerade zeigt, liegt die Möglichkeit
einfach zu sehen, dass du allein dieses SEIN
bist – dass das was du bist nicht an Erfahrungen oder eine Perspektive gebunden ist.

Lass einfach alle Bilder über das was ist gehen. Das hier ist einfach eine Einladung dich erfassen zu lassen von dem was immer IST.

Das Schöne, die Hingabe an das eigene Innere, an diesen stillen beständigen Fluss IN DIR, ist wortlose Seligkeit und Erfüllung an sich. So ist die Ausrichtung dieses kontemplativen SEINs sich jetzt-hier einfach beständig in Ruhe der Inneren Schau zu widmen.

Zu Schauen:

...was ist jetzt wirklich da?...

Und ...wie ist es wirklich?...

und weiter zu Schauen, ...Wer bin ich?...

Zu Sehen, ...Wer ist der der sieht?...

Jeder Moment
kann Einladung sein, vollkommen anzuhalten und einfach nur zu Sehen, zu Sehen, zu Sehen und zu SEIN was-du-bist.

Vertrauen

Vertrauen an DAS Nicht-Wissen, ist totale Hingabe. Im Wort-losen erfasst es sich.

„Bewusstsein ist überall, warum also nach innen?"

Alles was ist, ist Bewusstsein, und alles geschieht im Bewusstsein. Doch, wo es sich mit Name und Form identifiziert hat, wo es sich mit Worten und Bildern identifiziert, lebt es eine Art „unbewusstes Eigen-Leben" und gibt vor „ETWAS anderes" zu sein, als das was es ist. Bewusstsein, das erscheint, offenbart sich als reine Sicht auf sich selbst und als Ignoranz, gibt vor jemand und etwas zu sein, gibt vor da ist etwas und die Geschichte des „Ich's" läuft. Es ist kein nach innen gehen oder in die Stille gehen, vielmehr geht es darum hier anzuhalten, und die äußeren und inneren Prozesse ins Leere laufen zu lassen. Darin geschieht ein Erfassen von dem was die Essenz IST; es offenbart sich immer um-fassender, dass das Selbst alles ist was ist.

Wenn wir bereit sind zu lauschen was es zu hören und zu erfahren gibt, ohne an den Inhalten festzuhalten, lösen sich alle Identifikation in der Zeitlosigkeit des Seins auf. Es braucht keinen besonderen Zustand, nur die Bereitschaft vollends hier zu sein.

Darin geschieht alles von selbst; Einheit, Stille, Sein an sich, offenbart sich aus sich heraus. In diesem Sein, wo der Wissende, das Wissen und das Gewusste eins sind, ist reines Wissen und das zu sein ist nichts anderes als totale Hingabe. Hier geschieht Selbst-Verwirklichung als etwas was durch dein ganzes Wesen, durch DAS ganze SEIN stattfindet. ES findet beständig statt – DAS ist das einzig Beständige, maximal ist es ein sich dem was ist Anvertrauen und Das zu sein; das ist alles.

Und da ist immer wieder der Versuch, das Leiden, die Identifikation durch die Mittel der Ignoranz zu überwinden – was den Traum im Grunde nur bestätigt und am laufen hält; und in diesem Versuch vielleicht noch die Worte hinten dran hängt: „Alles ist Bewusstsein." Um sich advaitisch korrekt abzusichern, aber das ist dann einfach nur ein philosophisches Konzept.

„Alles ist Bewusstsein" heißt, dass alles das Erscheinen der Quelle, alles die Quelle selbst ist und das ich das bin, dass du das bist...

Wird vorgegeben jemand und etwas zu sein, sind die Worte „Alles ist Bewusstsein" nur Worte, Vorstellung, Gedanke, Konzept. Wird Advaita Vedanta als Konzept oder Erklärungsmodell verstanden, ist es nur der Bullshit des Verstandes, der alles an Konzepten sammelt um den Eindruck des scheinbaren ich's und der Kontrolle aufrecht zu halten.

Ist da ein Erfassen aus dem Selbst, dass du weder Sehender, das Sehen, noch das Gesehene bist, ist DAS unmittelbare Realität und alles was ist.

Selbst wenn erfasst wurde, dass DAS alles ist was ist, findet im organischen Sein immer wieder ein Vermischen statt, subtilere Ge-Schichten von Objekt-Identifikation tauchen auf – der kollektive Ich-Geist will seinen Tribut. Kein Problem, das scheint von Zeit zu Zeit so zu sein – es wird gesehen, gefühlt, und im stillen Lassen wie-es-ist fällt es weg wie es gekommen ist, ganz spontan. Und es fällt weg als wäre es nie gewesen.

Im Grunde findet ein beständiges Erfassen
statt: Letztlich kann das nicht gemacht oder
herbeigeführt werden, weil es das Einzige
IST. In diesem beständigen Vorübergehen
von Erfahrungen, dem beständigen
vorbehaltlosen Abfallen von Vorstellungen,
Ideen und Bildern, bist du DAS was nie
in Erscheinung tritt.

Es gibt „moderne Spirituelle" mit Aussagen
wie: „Frieden ist nicht genug". Dieser
Frieden, der nicht genug ist, ist immer eine
Idee von Frieden, etwas was der Ich-Geist
sich zu eigen machen möchte. Das Leben
wird aus einem Abstand gesehen und in die
Kategorien und Schubladen des „Ich-Geistes"
eingeordnet. In der Vorstellung, „Ich" könnte
in Einheit und Frieden ankommen. Alles
schöne Ideen, die dich hier nicht ankommen
lassen. Und weil es für das „Ich" kein
Ankommen gibt, werden alle möglichen
Ideen hochgefahren wie: „Es könnte besser
sein, wenn ich nur das und das mache".

Endlose Ideen in Zeit, doch es gibt kein
besseres Jetzt, DAS HIER ist alles was ist.
Frage dich, bin ich in Frieden und du findest
immer etwas zweifelhaftes – ein kom-
mentiertes Sein und ein Abgleichen über

Begriffe und das scheinbar Andere, was nur
Zweifel und Unzufriedenheit hervorbringt —
ein sich selbst objektivieren und Begutachten
der OBJEKTE, die man „Ich und die Welt"
nennt. Das „Ich" kann nicht im Frieden
ankommen, weil es im Frieden nicht
vorhanden ist. Deshalb sagt es lieber
„Frieden ist nicht genug" und schleift
endlos Ecken und Kanten der „Dinge",
statt in Hingabe und Frieden zu SEIN,
mit dem was ist. Frieden ist unumgänglich...

Es gibt keine verbale Antwort, du kannst
es nur SEIN so wie du bist. Ohne Worte,
offenbart sich in der direkten Sicht
DAS was du bist.

Frieden ist deine ungeborene Natur und
dies wird nicht vermehrt oder vermindert.
Wenn dann geht es darum herauszufinden,
WER du bist und DAS zu sein.
Das ist Frieden an sich...

Der Ich-Geist möchte etwas erreichen, er will
es umsetzten, er will es verstehen, meint
dann verstanden zu haben, will DAS erlangen
und es leben. Vielleicht liegt da ein erster

Zugang drin, doch leider sind das alle nur schöne Ideen und Vorstellungen.

Es gibt keine Antwort auf die Frage WER man ist, kein Zu- oder Umstand in dem man ankommen kann, den man erlangen könnte.

Alles ist Bewusstsein, ist letztlich nur ein Hinweise auf DAS was nicht in Zeit, immer hier ist und DAS ist was du bist.
Verwechsele DAS was du bist nicht mit dem Körper. Ungeboren ist DAS Selbst und DAS ist deine Natur. Niemand hat die Erfahrung seiner eigenen Geburt gemacht, denn das was du bist, wurde nie geboren. Geburten und Tode geschehen endlos in dir, doch das was du bist wurde nicht geboren und wird nicht sterben. Ohne Trennung bist du DAS was hier ist und nicht ein Teil davon, welcher gut oder schlecht, richtig oder falsch zu sein scheint. SEIN was du bist, entspricht keiner Kategorie, maximal: Sei einfach. Sei einfach, und alles wird sich offenbaren, weil alles immer hier ist.

Verehre die Vollkommenheit die immer hier zu entdecken und zu schmecken IST. Verehre die vollkommene Nicht-Existenz deines Seins, die in der Ruhe des Geistes offensichtlich wird und ist.

Verehre DAS Sein durch dein ganzes SEIN
wie-es-ist. Ununterbrochen – sei DAS
was die Quelle ist. Das ist Selbst-
Verwirklichung.

Ich verehre dich Hier

...wie ist es eigentlich, ohne die ganzen
Spiele des Verstandes, einfach zu Sein?

Stille

„...eigentlich nicht anders."

Nicht-anders ist der einzige unumkehrbare
Schritt in die Erleuchtung. In diesem Nicht-
anders Sein wie man ist, kehrt Ruhe ein,
Stille erfasst sich; hierin wird dieses SEIN
was-du-bist umfänglich real. Diesem Nicht-
anders SEIN wie man ist, DEM vertrau dich
an, sei still, lebe und liebe und es wird sich
in seiner Vollkommenheit IN DIR
vollkommen erfassen.

Ein Gebet aus dem Hinduismus: *„Du bist überall, doch ich verehre dich hier. Du hast keine Gestalt, doch ich verehre dich in dieser Form. Du bedarfst nicht des Gebets, doch ich preise dich durch Hymne und Gebet."*

Es wird manchmal gesagt, der Körper ist ein Tempel. Ja, es ist Erscheinung des EINEN – es ist DAS Eine Selbst. Im Unmittelbaren Sein erfasst sich DAS. So kannst du DAS Ehren und verwirklichen, indem du den Körper in seiner Unmittelbaren Gegenwärtigkeit erlebst, wie es sich jetzt gerade zeigt, wie es jetzt gerade ist. Das Unvermittelbare hat keine Gestalt und zeigt sich durch dich genau so wie du bist – das was hier ist unmittelbar zu erleben, darin erfasst sich Gott.

DAS hat keine Gestalt, es ist in jeder Hinsicht formloses SEIN, in der Verehrung des unmittelbar Gegenwärtigen, erfasst es sich HIER.

Wie sagt man in der Bibel, „Am Anfang war das Wort und das Wort wurde Fleisch…" Nur durch den Namen, den Ich-Gedanken und den Glauben an die Geschichte „Ich bin der und der" hat sich erst ein objektives Erleben nach zwei, drei Jahren eingestellt.

Davor, im eigenen Erleben? Es gab kein eigenes Erleben! Du warst – nicht. Absoluter Frieden. Kein Leiden, nichts als tiefe Stille und alles ist spontan passiert – und das ist immer und ununterbrochen so.

Doch wurde mit dem zweiten, dritten Lebensjahr eine falsche Identität angenommen. Und dann hat sich langsam die Individualität, die Person darüber gestülpt; Konditionierungen, Muster, „Ich bin dieses und jenes..." wurden tief in das organische Sein aufgenommen.

Jetzt ist es Zeit die Gebetsmühle des Ich nicht mehr zu bedienen, dieses ganze „und ich und ich und ich" einfach vergehen zu lassen.

„Wie mache ich das? Wenn ich das gerade höre, was du sagst, ist es als würde in mir nur ich sein, tausend Bilder, Stimmen, alles ich, ich, ich..."

Und wenn du es einen Moment zulässt?

Stille

„Alles ist ich, ALLES... wow..."

Wunderbar, somit muss ich dir nicht sagen was zu tun ist, es ist mehr ein sich Einlassen auf die gesamt Energetik wie-es-ist, ein Sehen-und-Sein mit dem was ist...
Was auch immer aus sich heraus stattfindet, wenn ich einfach aufhöre zu tun und mit allem hier bin, wird offensichtlich: Alles ist ich, aber ich ist kein Ding, somit ist es alles was ist. In dieser Hingabe erfasst sich Bewusstsein, DAS hat kein Ende, eher ist es der Genuss des Endlosen...

In der stillen Schau

Das Schöne, das was IST und wie es erscheint ist kein Problem. Es ist dieser ewige Moment von SEIN Jetzt Hier...

In der stillen Schau widme dich einfach DEM wie es sich zeigt und schmecke die Stille und die Schönheit darin. Schau dir einfach an was jetzt wirklich IST. Darin können sich spontan Gedanken erheben und dich in Ihre Geschichten verwickeln.

Es ist sehr simpel, wenn du die Überlagerung
und Verwicklung bemerkst und DU das
Bemerken bist, hier im Unmittelbaren,
überlagert die Überlagerung nichts.

Suche nicht die Antwort im Denken, sondern
schaue einfach beständig im Unmittelbaren –
schaue die Energetik, die Resonanzen, die
Präsenz und das was unmittelbar ungeteilt
geschieht. Darin gibt es kein Problem,
da ist einfach dieses SEIN wie es jetzt ist,
die Überlagerung überlagert nichts,
weil DU DAS BIST.

Das Leben verändert sich beständig. Da ist
nur Vollständigkeit die sich durch alles zum
Ausdruck bringt und in allem ist was sie ist.

Vergiss den Verstand mit all seinen
Geschichten. Sei so desinteressiert,
so mit-fühlend wie möglich, mit dem was
unmittelbar geschieht – darin eröffnet sich
die Schönheit des Unbekannten, die Stille des
Selbst.

Widme dich beständig dieser stillen Schau:
„Was lässt mich denken?", „Wer ist es der
dies sieht?", „Wer bin Ich?" und verweile in
der Offensichtlichkeit der Nicht-Antwort hier
im Unmittelbaren.

Verweile in der Losgelöstheit des SEINs –
ohne eine Antwort zu erwarten,
weil DU die Antwort bist.

Verweile einfach vor und inmitten dieses
losgelösten Seins wo nur SEIN IST.
DAS IST ALLES, darin ist die Freiheit
und die Vollständigkeit deines SEINS
offensichtlich, als DAS was immer ist.

In der Stillen Schau ohne Zweites, fällt
letztlich jede Wahrnehmung, und du bleibst
als DAS was keinerlei Wahrnehmung braucht
um zu SEIN was du bist.

ICH BIN DAS

Indem der Körper, die Atmung, die
Energetik, die passiert, kommentarlos
wahrgenommen wird, wirst DU eins mit
der lebendigen Stille die IST, mit dem
was Ganzheit ist. Darin öffnet sich die
transzendente Schau das du ununterbrochen
bist was ungeteiltes SEIN ist.

Du bist DAS
was dem Leben ungeteilt vorausgeht.

Du bist, nur nichts von dem was erscheint –
doch da gibt es auch keine Trennung. Leben
wie es erscheint und DAS was Leben ist, ist
nicht von einander verschieden, nur ist DAS
kein Ding, nirgendwo. Alles was ist ist DAS.
So verweile, ungeteilt, SEI DAS.

In diesem ungeteilten SEIN,
wird offensichtlich: ICH BIN DAS.
Dies führt endlos über ALLES hinaus.

Weder dies, noch das

DAS ist kein Objekt. Kein Objekt heißt nicht, dass die Stühle, die Körper nicht da sind. Doch wenn die Benennung ins Leere läuft, keine weitere Benennung und Objektivierung mehr geschieht: Ist der Stuhl ein Stuhl? Ist der Stuhl kein Stuhl? Oder weder noch? Ist der Körper, Körper? Ist der Körper kein Körper? Oder weder noch?

Und dieser Blick landet dann auch bei mir selbst...

Bin ich oder bin ich nicht?

Beides wäre konzeptuell. Weder dies, noch das, darauf deutet dies Neti Neti.

Wenn keine Benennung mehr aufgegriffen wird offenbart sich das umfassend zustandsloses SEIN. Dort komme an, dort wurzle. Verlasse den „Mind" mit seinen Benennungen und komme in diesem wortlosen SEIN an – immer wieder zum ersten Mal, unmittelbar, mit dem was IST.

In diesem „weder noch", bleibt letztlich nichts; selbst das Erleben zu SEIN fällt an einem Punkt weg und die eine Wirklichkeit erfasst sich ohne Zweites...

...und DAS ist alles was ist

und DAS ist kein Objekt.

„Ich erlebe hier so eine freudige Stille; wie kann ich das immer in meinem Alltag haben?"

Kennst du etwas was immer während ist?

„Nein"

...da bin ich ganz mit dir.

„Ich bin Künstler und manchmal komme ich in einen Fluss wo es keine Gedanken gibt und alles aus einer Inspiration heraus geschieht – aus etwas was ewig und immer während scheint. Gibt es etwas, das ich tun kann, dass das beständiger Teil meines Lebens wird."

Sei identisch mit DEM was ist und ver-
schwinde darin. Weniger ist das ein Tun,
mehr ein stilles Sein und sich dem Fluss des
Leben Anvertrauen – so wie du es auch in
der Kunst erlebst; darin ist es wohl auch
mehr ein nicht-Handeln aus einem Sein und
„Geschehen - Lassen".

Die wortlose Erforschung von dem was ich
ist, von DEM was du bist – kann dich ganz
bis in die Quelle zurückholen, offensichtlich
machen, dass du die Quelle nie verlassen
hast – du es selbst bist. Es ist sehr simpel,
beginne einfach bei diesem wortlosen
Empfinden Ich; das zu spüren, damit zu sein,
mit allem was kommt und geht – und nimm
keine Benennung an, keine Meinung, kein
Bild von dir, über dich und das was
geschieht. Lass die Energetik des Seins
einfach in der Stille des Erlebens geschehen,
das öffnet einen unendlichen Frieden in dir.

DAS Immerwährende wird umfassend
offensichtlich, wenn die ...Losheit des SEINS
in allem erfasst ist; erfasst ist, dass du die
Quelle bist, dass du DAS eine Selbst bist.
Darin hat sich DAS Selbst erkannt – als DAS
was es ist – als DAS was du bist.

Das ist ein feiner Unterschied, in dem
Freiheit offensichtlich IST: ob du meinst ein
Leben zu haben, mit Einsichten, Entwicklung,
auf einem Weg bewusster zu werden, was
auch immer... oder Selbsterkenntnis
zweifelsfrei passiert IST, hier nur SEIN ist
und du DAS bist. Der Unterschied ist dieser,
das kein realer Unterschied übrig bleibt, weil
DAS Selbst unterschiedslos in allem DAS ist
was es ist.

Hier geht es nicht darum zu träumen,
es könnte irgendwann immer so sein.
In gewisser Weise ist es genau umgekehrt,
der Blick fällt auf dieses wortlose ICH.
Es ist eine Einladung anzuhalten und zu
schauen: Der, der sucht, nach dem wird
geschaut. Darin offenbart sich DAS was
immer währendes Sein IST. Darin erfasst
sich die Freiheit des Seins.

Alle Erfahrungen und Zustände sind
vorübergehend; so kann es viel wesentlicher
sein herauszufinden was du bist und DAS zu
Sein. Das Schöne: darin liegt Stille, Frieden
grundloses Glück, doch du Selbst bist
zustandsloses SEIN, unbedingt
DAS was-du-bist.

Es geht nicht darum Frieden, Liebe, das Absolute oder irgendwas zu erlangen, denn es erlangt dich. Wir können einfach hier SEIN und im Sehen und Lassen der Dinge, erfasst es sich.

ICH ist schon etwas Gesehenes, das Erleben zu SEIN ist schon etwas Gesehenes, halt nicht daran fest.

Ganz gleich wie es sich zeigt, HIER kann die unbedingte Stille, Freude ohne Trennung geschmeckt werden. DAS kann sich niemand zu eigen machen, es ist kein Objekt – ES ist frei, und das bist du selbst.

DAS Unmittelbare SO-Sein genügt sich selbst, darin erfasst ES sich.

Der praktische Wert zu verstehen

Der praktische Wert, zu verstehen was du bist ist: Nicht wie ein blindes Huhn hier und dort suchen zu müssen, am Zweifel des Body-Mind hängen zu bleiben, in den Dingen suchen zu müssen, sondern unmittelbar zu erfassen, dass du ununterbrochen ungeteiltes SEIN bist.

Zu Verstehen heißt zu Wissen was du bist, diese Tatsache zu akzeptieren und es un-mittelbar zu Sehen und das zu SEIN so wie du bist. Verstehen in einem ganz praktischen Sinne: mit „beiden Füßen" in DEM zu Stehen und DAS zu Sein – was DU immer und in allem bist.

PUNKT!

Du bist was du bist und DAS ist immer hier. Du kannst es nicht werden, du kannst es nicht üben. Da nützt dir auch kein Wissen. Du bist DAS. Das Wissen bringt dich nur an die Grenze, von hier aus geht es wort-los weiter über die Welt der Ideen- und Vor-stellung hinaus, in das wo nur SEIN IST.

Und DAS ist Jetzt Hier. Einfach Still zu sein und sich von der Stille erfassen zu lassen, sich der Lebendigkeit des Seins anvertrauend – darin bleibt nichts anderes als DAS, was Sein ist.

Kein Objekt an dem du halten kannst, kein Subjekt was je existiert hat, nur dieser Moment von Gegenwärtigkeit, wort-loses SEIN, das sich so zeigt.

„Du sagst, DAS zu verstehen und damit still zu sein genügt. Ich kann es nicht... Daheim rutsch ich immer wieder in eine Unruhe, in das Machen-Wollen, Suchen, Denken."

Dann kannst du genau damit still sein, das fühlen, die Energetik dessen erleben. Das was IST, und wie es sich zeigt ist das Arbeitskapital. Still zu sein mit dem was ist, mit dem wie es sich zeigt befreit aus der Identifikation und der Konzepthaftigkeit. Weil in diesem ungeteilten SEIN gesehen wird, dass du nichts bist von dem was erscheint, dass du immer schon frei bist und in diesem Sehen arbeitet die Freiheit für sich, alles offenbart sich als die Freiheit des Selbst; lass dich einfach davon erfasst sein.

Es ist einfach die Dinge so zu erleben wie sie sind. Dieses simple und pure wie-es-ist entspricht keiner Vorstellung und befreit so von jedem Konzept.

...und „der", der es kann oder nicht kann, verschwindet, als wäre er nie gewesen – weil er nie eine reale Substanz hatte. Und es bleibt nur das was du bist – DAS was SEIN IST. Das ist der Preis des Erwachens, der Preis für die Selbst-Verwirklichung: das Bild von „dir", „deine Geschichte", „alle Idee über dich und die Welt" sind von einem auf den anderen Moment weg, als wären sie nie gewesen.

Oder anders: Die Vorstellungen in dir, der Gedanke „ich kann es nicht", oder „irgendwann krieg ich es auch hin", dein Wollen und nicht-Wollen und all die Ideen sind dir wichtiger – gut dann ist es so. Dann dreh noch ein paar Runden im Karussell des Samsara, in der Hoffnung es irgendwann hin zu kriegen, in dem Glauben DAS Leben kontrollieren und verbessern zu können. DAS wird nicht besser und ist nie schlecht. An der Welt der Vorstellungen festzuhalten tut dem SEIN nicht weh. DAS hat nie gelitten.

Ich streichle dich nicht... Du hast die Idee
„etwas könnte helfen". Doch es gibt keine
Brücken in die Freiheit, die deine Natur ist.

Löse dich in der Tiefe von den Gedanken,
indem du für dich schaust:
Was veranlasst mich zu denken?

Schau, für dich:
Was veranlasst mich zu Handeln?

Schau weiter: WER ist es der denkt?

Schaue für dich: WER bin ich?

Und SEI mit dem was unmittelbar ist;
lass dich davon aufnehmen, schaue im
Unmittelbaren... Schaue und sei still
mit dem was ist.

Die Hinweise der Erforschung könnten auch
als Brücke oder Hilfe angesehen werden.
Die Sache ist, das hier richtet sich nicht an
das Individuum, die Person, die meint Hilfe
zu brauchen, die meint auf dem Weg voran-
schreiten zu können. Es ist einfach ein Dorn
mit dem du den Dorn der Identifikation
entfernst. Wenn die Bereitschaft da ist, ist
die Frage nach dem WER? ein einfaches

direktes Mittel die Identifikation mit dem
Body-Mind zu lösen und DAS offensichtliche
zu Sehen und DAS zu sein, ganz unmittelbar.

...in der Bereitschaft DAS zu sein,
fällt alles weg.

Es ist ganz simpel, du vertraust dich DEM,
mit allem wortlos an und DAS was du bist,
offenbart sich ganz beiläufig durch alles.

HIER ist alles gegeben...
DAS geht über alles hinaus.

DAS ist kein Objekt

Die Einladung der Erforschung ist: einfach zu sehen was jetzt wirklich da ist – und wie es ist. Es gibt nichts zu tun, einfach nur zu Sehen und zu Sein...

Das zu sehen: „was ist jetzt wirklich da?" und „wie ist es?", ist vielleicht erstmal ernüchternd. Dieses „wie es ist" entspricht einfach keinem Konzept, der suchende Verstand kommt damit nicht klar, deshalb komm HIER an. In diesem sein mit dem wie-es-ist offenbart Vollkommenheit.

DAS entspricht keinem Konzept und ist in Allem was es ist. Wenn wir bereit sind zu sehen was jetzt wirklich ist, nicht was die Gedanken und Vorstellungen vorgeben, sondern was hier unmittelbar und wirklich ist, stoßen wir mit der Nase auf DAS und kommen nicht umhin zu sehen, dass wir es selbst sind.

Gleich wie es sich zeigt, darin liegt Vollkommenheit; das kann hier gesehen und geschmeckt werden.

DAS entspricht keinem Bild, DU entsprichst
keinem Bild. Die Vollkommenheit kann auch
absolut unvollkommen sein, jeder Moment
wie er sich zeigt ist vollkommen – das kann
entdeckt werden, lass du dich entdecken.
Das-was-ist zu sehen und zu bemerken,
darin gibt es keine Trennung zwischen dem,
der das sieht und dem MOMENT selbst.
Es ist das eine SEIN, gleich wie es sich
zeigt. Ganz gleich, DAS ist kein Objekt.

Der Eindruck, dass hier Objekte sind,
entsteht erst dadurch, dass es durch die
mentale Mühle des „Ich" läuft. Und selbst
ein durch die mentale Mühle Laufen ist kein
Problem, wenn es vor-be-haltlos durchlaufen
kann – wenn es kein Denken über das
Denken gibt, es wird einfach ungeteilt
gesehen, erlebt und zerfällt augenblicklich.
Wenn die Objektivierung nichts objektiviert,
das Unmittelbare wichtiger ist als
die Vor-stellungen, die darin auftauchen,
bleibt nichts, kein Objekt an dem gehalten
werden könnte.

Es ist mir eine Freude zu Sehen und zu
erleben, dass der Ruf in dir gehört werden
kann und DEM gefolgt wird – die Wahre
Natur sich zurückholt. Ein Paradox: Es findet

eine Erforschung statt, die unmittelbar ins Leere läuft, in der sich die Natur selbst erfasst. Es ist ein Verstehen, das aus einer Selbstverständlichkeit heraus stattfindet, dass du DAS Selbst bist. Und ab dem Punkt geht es um nichts mehr. Das gewöhnliche Leben geht weiter so wie es geschieht, es entspricht keinem Bild mehr, vielmehr ist es Bild-loses auf sich selbst treffen. Es geschieht ein Bemerken und fallen lassen der Bilder, ein natürliches Abfallen, wie ein reifer Apfel, der sich aus sich heraus vom Baum löst und fällt. DAS Eine ist DAS was hier ist. Es gibt keine Trennung. DAS Unmanifestierte zeigt sich hier.

Schaue keine Objekte, schaue einfach...
Der Blick auf das was ist, ist der Blick auf DAS was du bist. Du erblickst einfach DAS Gold, das du bist – gleich in welcher Form es erscheint. Alles ist das Erscheinen deiner Natur, alles ist die Natur selbst, alles ist getragen in Stille. DEM vertrau dich an und sei still.

Im letzten Satsang wurde gefragt: „Für was ist das Verstehen eigentlich notwendig?"
Ganz einfach dafür, dass du die Adresse kennst, dass du unmittelbar erfassen kannst,

dass du DAS bist. Wenn du die Adresse nicht kennst, dem direkten Hinweis auf DAS, was du bist, nicht vertraust, kommen Konzepte und Vorstellungen und nehmen dich mit. Diese Vorstellungen erzählen dir was du brauchst und was nicht brauchst und halten damit nur das Hamsterrad des „Ich" am laufen. Es kommt Zweifel vorbei und macht dich zu etwas Zweifelhaftem. Versprechungen, Ängste, Hoffnungen tauchen auf – die dir von einer Zukunft erzählen, einer schlimmen oder einer schönen, von dem, was werden könnte. Wenn du die Adresse kennst: HIER ist alles was ist und DU BIST DAS. Du kannst dich DIR selbst ganz unmittelbar anvertrauen, du kannst dich dir selbst anvertrauen und dich bis in die Quelle als DAS erfassen,
was du in allem bist.

Wenn ich mir nicht im klaren darüber bin dass DAS alles ist was ist und dem nicht vertraut wird, wird hier und dort gesucht – dann ist jede Weisheitslehre, Advaita, Zen oder einer andere direkter Hinweis genauso ein Teil-Konzept wie jedes andere. Dann kann ich dieses verstehen, dann kann ich jenes verstehen; und es ist einfach nur ein Verstehen was sich in den Vorstellungen des

Body-Mind bewegt und endlos weitere Vorstellungen hervorbringt. In der Gewissheit und dem Vertrauen, dass du immer hier bist, dass du DAS bist, kannst du anhalten und Sehen... Sehen dass du DAS bist, was du bist, und du wirst DAS an einem Punkt nicht mehr los. Die Wahr-nehmung ist natürlich in Bewegung, mal hier mal dort, mal innen mal außen, mal in einer persönlichen Funktion, wenn es was zu erledigen gibt, wunderbar. Aber da gibt es nichts zu zweifeln und zu suchen ...einfach zu entdecken: „ich bin hier". Und in diesem „ich bin hier" offenbart sich DAS Sein. In diesem „ich bin hier" zerfällt jeder Parameter, der dich oder das was ist zu etwas macht. Die gedanklichen Parameter zerfallen in der direkten Schau: Was ist jetzt wirklich?

In diesem, wie-ist-es?

...kann ein tiefes Ankommen geschehen. Der Schatz kann geborgen werden, dass du selbst DAS Gesuchte bist. Bis in die Quelle und durch alles hindurch wird erfasst, dass du die Quelle von allem bist.

Und ich möchte hinzufügen: An einer Erkenntnis, an einer Einsicht kann und muss man nicht festhalten. Erkenntnis, Einsicht ist eine Momentaufnahme des Seins in der es sich selbst erkennt, lass es sich erfassen. Schön, wenn ein Erfassen geschieht. Doch ist es nichts, woran man festhalten kann, das Sein hat keine Haltegriffe. Lass es sein, wie es ist, sei einfach und es erfasst sich umfänglich.

Zu schauen „was jetzt wirklich ist?"
und „wie ist es?", lässt ganz im
Unmittelbaren ankommen und sehen,
dass du IMMER unverändert bist. Ganz gleich in welchem Gewand sich der Moment zeigt. Dieses Schauen ist wie ein Update, auf die lebendige Gegenwart des SEINS selbst. Darin erfasst sich DAS. Und das ist nichts worüber du dir bewusst werden kannst. Auch wenn es immer wieder ein Aufblitzen und Erkennen gibt. Es ist Nicht-Wissen an sich, was ohne Zweites ist. Erfasst-Sein geschieht ohne Zweites. DAS was kein Objekt ist, DAS kann nicht verstanden werden. Maximal ist die Möglichkeit sich auszurichten auf DAS Unmittelbare. Dieses sich Ausrichten und Ankommen bei dir, berührt und durchdringt Bereiche, die du letztlich nicht wissen kannst.

Das simple Sitzen hier geht in der
Unmittelbarkeit des Erlebens über alles
Wissbare hinaus. Die direkte Erfahrung kann
man nicht wissen, aber unmittelbar erleben.
Darin öffnet sich lebendiges, ungeteiltes
SEIN. Und da gibt es kein Ich, das im SEIN
ist. Da ist nur SEIN und das bist du. SEIN ist
alles was ist. Alles ist ich, doch ich bin kein
Ding. Oder anders gesagt: Ich bin aber es
gibt mich nicht. Und somit ist DAS kein
Objekt, sondern das was hier ist, ist die
Offenbarung des Absoluten. Immer
und in allem ist es DAS.

Dem vertrau dich an und sei still,
Das ist alles – darin erfasst es sich.

In allem DAS was es ist

Das Selbst ist immer und in allem DAS was es ist. Im Nicht-Suchen und im beständigen Schauen, wo nur ungeteiltes Sehen-und-Sein ist, erfasst es sich als DAS was es ist.

DAS was du bist braucht kein Wissen „über", um zu SEIN. Es ist ununterbrochen DAS was es ist.

ES ist das was erfährt und in allem ist was es IST. Im sich Erfassen ist nur DAS Selbst, aber es gibt kein Selbst. Es ist ungebunden, bedingungslos in allem was es ist, und DAS nicht im Werden begriffen.

Halte dich einfach an das was ununterbrochen hier ist.

Verweile einfach in DEM was kein Wissen „über" braucht und beständiges Sehen-und-Sein IST.

DU BIST DAS - DEM vertraue

Es gibt einen Sog in den natürlichen
Zustand, in DAS was nicht-phänomenal ist.

Freiheit ist, DAS in allem zu sein.

Der Ego-Mind wünscht sich Erwachen,
Befreiung, Selbsterkenntnis - im Traum - als
ultimative Trophäe und genau deshalb ist die
Suche nach Befreiung und dem Selbst eine
große Herausforderung, denn das Erwachen
zu DEM, wird alle Vorstellungen über „dich,
Gott und die Welt" zerstören und es bleibt
nur DAS was GOTT ist, DAS was-du-bist,
DAS was Wirklichkeit ist; und das ist kein
Objekt.

Die Welt hat keine beständige Realität,
alles unterliegt dem Wandel. Alles ist
vergänglich und jede Nacht geht die Welt
vollständig unter. Sie versinkt in ihrem
Urgrund, nichts bleibt mehr bestehen;
weder der Körper, die Welt, noch das
Bewusstsein, nur DAS was Wirklichkeit ist
bleibt und es ist DAS was-du-bist.

Es gibt so viele Gottesbilder: „Der Schöpfer-Gott", „der liebende Gott", „ein strafender Gott", wie auch „der zerstörende Gott – der Gnade ist und die Hindernisse zur Freiheit aus dem Weg räumt". Und das alles ist ein Traum, alles.

Mann könnte es so sagen: Gott ist das was bleibt, wenn alle Vorstellungen über dich und Gott erloschen sind. Geschieht ein Erfassen deiner Selbst in der An- und Abwesenheit aller Phänomene – kennst du dich in allem als DAS was du bist. DAS hat den Traum nie betreten – und ist in allem DAS was es ist und DAS bist du.

Wenn du aus dem Traum aufwachen willst, erkennen willst WER du wirklich bist! Erforsche still dieses Wort-lose DU, indem du einfach dort bleibst und erfasst, dass du bist was du bist und dich in die Quelle mit zurück-nehmen lässt, die du nie verlassen hast – weil DU DAS BIST.

Ver-lasse all die Vorstellungen und Sei Still.
Dem vertraue in allem - DU BIST DAS.

Ich bin keine Vorstellung

Sich selbst als DAS Selbst zu kennen, ist in
der Bewegung des Lebens ein Verlieren von
Vorstellungen und Ideen. Dieses Verlieren ist
kein Verlust. Es ist das Freilegen von dem
was Freiheit IST — was die Abwesenheit von
Vorstellungen und Ideen ist.

In der Ruhe des Seins, geschieht ein Erfassen
des Unbekannten, des EINEN — was die
Wahre Natur ist.

Es gibt nur DAS „Ich und mein Leben" war
immer nur eine Idee. Im identisch SEIN mit
dem was ist, bin ich nichts von dem was
erscheint, und das was ist, ist ohne Trennung
DAS was ich bin. Darin liegt die lebendige
Einsicht, dass ich DAS Selbst bin,
es aber kein Selbst gibt.

DAS was das Selbst ist

Das, was man das Selbst nennt,
ist nicht DAS Selbst.

Das Selbst, das man erkennen und erleben
kann, ist nicht DAS Selbst, mehr ist es das
offene Meer in dem sich DAS Selbst als das
Offensichtliche Erfassen kann.

Es ist sehr simpel: Alles,
was du wahrnehmen kannst,
kann nicht das sein, was du bist!

Denn wie könnte sich „DAS Auge" selbst
sehen? Dies, was alles sieht – was selbst
nicht zu sehen ist – ist DAS, was du bist,
was sich in der Transparenz des Gegenwärtigen hier und jetzt, als DAS
Offensichtliche erfasst.

Verweile einfach in diesem Sehen,
was ungeteiltes SEIN IST. Sei einfach,
mit der der lebendigen Bewegung des
Offensichtlichen, das ist alles.

Das Ziel ist im Weg

Wenn festgestellt wurde, dass du dich nirgendwo finden, geschweige denn dir irgendwo entgehen kannst, kann immer wieder frisch geschmeckt werden, dass alles in sich frei ist, dass alles immer schon hier ist und dass du das bist. Das ist die Praxis, der Weg und das Ziel.

Dich der Freiheit des Lebens zuzuwenden, kann nur Freiheit hervorbringen...

In seiner Freiheit kann es alles hervorbringen; alles ist die Freiheit des Seins. Schau es dir an – alles was ist, ist DAS. Doch das ist kein Objekt und auch nichts anderes. In diesem Zwischenraum, wo du weder bist noch nicht bist, SEI DAS, was du bist – DAS was ununterbrochenes Sein ist.

...schmecke die Schönheit der Stille, die lebendige Freiheit, die immer hier ist. Genau HIER ist all das, was immer wieder anderswo gesucht wurde. Hier erfasst es sich.

Der natürliche Zustand

Der natürliche Zustand, zu Sein was-du-bist. Was ist Wissen ohne einen Wissenden und ohne Objekt des Wissens?

Was ist Erwachen ohne einen Erwachten oder einen der Erwacht sein könnte und ohne eine Vorstellung des Erwachens?

Alles findet im SEIN statt, alles ist ZERO; dies zu sehen und durch dein SEIN zu ehren, offenbart reines Wissen was ohne Referenzpunkt ist. Es offenbart, dass du absolute Wirklichkeit bist; darin liegt der natürliche Zustand zu SEIN was-du-bist. Wo du in der Abwesenheit aller Erscheinungen anwesend bist und in Anwesenheit „von was auch immer" nichts von all dem bist.

Du bist; das ist immer und kein Objekt, und nie nicht hier. DAS ehre durch dein Wort-loses SEIN, darin ist alles gegeben.

Der Sprung des Vertrauens

...es ist ein feiner aber wesentlicher
Unterschied, ob man das SEIN nur kennt
als etwas was immer im Hintergrund ist
und schaut, beziehungsweise ein paar schöne
Erfahrungen und Einblicke hatte.

Oder ob man DAS mit seinem ganzen SEIN
ist und bereit ist in jedem Moment sich
dem Unbekannten im Gegenwärtigen
voll zu überantworten.

Nicht-Wissen

Nicht-Wissen ist der Weg des Wissens.
Wissen und Unwissenheit sind die zwei
Seiten einer Medaille – du bist die Quelle
von beiden. Jedes Sein und Nicht-Sein kann
nur erscheinen, weil du bist. Du bist, doch
das ist kein Objekt. Wissen ist Ignoranz, wie
Ashtavakra schon sagte: „Die Bindung ist der
Wunsch bewusst zu werden." Dieses ganze
„sich bewusst werden" suggeriert dir, dass
dir noch etwas fehlt, dass du DAS verstehen,
erlangen könntest; es suggeriert dir, jemand
und etwas zu sein. Doch wer warst du bevor
du wurdest?

DAS bist du, jetzt hier und das ist kein
Objekt. Wurde erfasst, dass DAS HIER alles
ist was ist, und dass es nichts individuelles
gibt, erfasst sich darin DAS EINE ohne ein
Zweites. Das ist Advaita-Vedanta – als
direktes unmittelbares SEIN. Das ist das Ende
der Suche nach Wissen – du Selbst bist das
Gesuchte, alles findet sich bei dir, nichts was
es zu suchen gibt, weil sich DAS Eine HIER
offenbart und Fülle IST.

Vedanta: Dort wo es nichts mehr zu suchen und zu wissen gibt, fällt das SEIN in seine Quelle zurück und du erfasst dich als DAS, was du ununterbrochen bist. Da gibt es kein Zurückfallen, keine Bewegung. DAS ist dieser Parabrahman, das Absolute, was deine Wahre Natur ist.

Ab dem Punkt wo DAS offensichtlich ist – was gibt es da weiter zu verstehen?
Es ist immer nur das „Ich" das wissen möchte, um dadurch woanders hinzukommen und im Geheimen das Sein kontrollieren will.

Direkte Erfahrung ist ein totales Nicht-Wissen. Das was passiert, passiert so spontan wie ein Auto, das auftaucht und vorbeifährt – völlig unvermittelt. Es ist ein Zuschauen und dennoch mittendrin sein.

Das, was wir meinen zu wissen, scheint oft der direkten Erfahrung im Wege zu stehen. So als hätten wir schon ein „Bild", das auf die direkte Erfahrung gepackt wird, bevor sie umfassend erlebt und ausgekostet wurde.
In diesem Erleben und Auskosten, diesem Schmecken der direkten Erfahrung, werde „Ich" verspeist, das Bild von mir, das Bild

über das was ist... und es bleibt nur das was immer IST; nenne es Frieden, Liebe, das eine Herz oder die Konstante, die immer IST,...

Es kann sich So oder So offenbaren. Wird erfasst, dass man an DEM nicht festhalten kann offenbart sich, dass das kein Objekt ist und es DAS ist was du bist.

„Alles ist ein Traum - Alles ist Bewusstsein" ist die nächste Illusion. Das Wissen oder die Konzept-ualisierung überdeckt so leicht die unmittelbare Schau von DEM, weil man meint man wüsste.

Ein vermeintlich sicherer Hafen, weil man es sich erspart möchte, Schicht für Schicht die Kontrolle loszulassen, die man im Grunde nie hatte. Wenn man die Kontrolle nie hatte, an wen richtet sich dann die Aufforderung, loszulassen, sich hinzugeben...? An DICH, das eine Selbst – die Grund-losigkeit selbst...

Das was du bist ist kein Konzept und nichts was man benennen kann. Alles was du benennen, erkennen und verstehen kannst ist konzeptuell und nicht DAS was das Eine ohne-Zweites ist. Beschreibungen bewegen sich immer in Plus oder Minus und das trifft nicht den Nagel auf den Kopf – schafft einfach nur neue Vorstellungen.

Nach dem Erwachen ist vor dem Erwachen. Wo ein Gesicht gesehen wird, immer wieder aufs Neue das Gesicht verlieren...

...und in der direkten Erfahrung erkennen, dass das was ich bin kein Gesicht, keinen Namen und keine Form hat.

Wie mal einer zu mir sagte: „Na ist doch klar, ich weiß, dass ich nichts weiß – aber jetzt erklär mir mal..." Das heißt soviel wie: Ich will erwachen, DAS erkennen und ich weiß schon... aber bloß nicht das Gesicht verlieren, zustandslos-SEIN. Alles bloß DAS nicht. Und das ist eben ein kleiner Deal, der Versuch des Ich, als Erleuchteter, Erwachter übrig zu bleiben. Statt DAS zu Sein was Wissen ist – da ist kein Raum mehr für einen Wissenden und etwas Gewusstes.

„Ich weiß, dass ich nichts weiß", ist ein Wissender zu viel – das wird doch schon gewusst. Wenn das erfasst wird, fällt der Wissende weg, der meint zu wissen, dass er nichts weiß.

Es ist ein wortloses sich Anvertrauen, wo nichts übrig bleibt, weder Wissen noch ein Wissender oder etwas Gewusstes... maximal ist da Wort-loses SEIN – das ALLES ist.

Das hier ist einfach eine Einladung, sich umfänglich einzulassen auf die Natur des SEINS selbst – die du bist. DAS ist so frisch, du kannst es nicht begrenzen, weder auf „alles ist DAS", „eine individuelle Idee", noch auf „das simple, einfache SEIN".
Denn es ist weder gewöhnlich, noch besonders großartig – DAS passt in keine Schublade. ES-tanzt-mit-sich: Es wird einfach getan was praktisch ansteht, so wie es jetzt möglich ist. Da ist einfach ein Schauen dessen was auftaucht und geschieht, ein Schauen dessen was beständig IST und ein identisch SEIN mit Dem was-du-bist.

Ohne Wissen zu müssen der Spontanität des Seins begegnen, und darin die Vollständigkeit des SEINS SEHEN – Sehen, dass es da keine Trennung gibt und ICH DAS BIN – das ist WISSEN. Wissen nicht in dem Sinne von „ich hab etwas verstanden", „das hab ich auch schon mal gelesen", „ja so ist es". Wissen wird offensichtlich, wenn ich nicht mehr wissen muss und nur SEIN IST.

Sehend was gesehen werden kann, sehend
wie es sich verändert, sehend was beständig
IST, sehend, dass es keine Trennung gibt zu
alle-DEM. Das was WISSEN IST keimt aus
der Hingabe an das-was-ist und das kann ich
nicht wissen. Ich kann nur damit sein, und
darin werde ich es nicht mehr los,
weil ich es bin.

Das ist im Grunde kein Objekt.
Es ist Parabrahman, DAS Unvermittelbare,
dass als Regen an das Fenster klopft.
Es ist die Dunkelheit in der ich sitze – in
der ich mir selbst das Licht zum Sehen leihe.

ES ist DAS, was hier ist,
nichts was es da zu wissen gibt.

Die Quelle

„Was ist die Quelle"

Alles ist das erscheinen der Quelle.
Dunkel und still bringt sie alles hervor.

Vielleicht ist die Frage auch eher, wie wird
die Quelle erkannt?

Abends beim Schlafen gehen kann es
passieren das alle Erscheinungen schwinden,
doch du bleibst. Morgens wenn du wach
wirst und noch nichts ist kann erfasst
werden, dass das was du bist nicht an den
Traum des Wachzustands gebunden ist, du
nicht dies Objekt bist. Bleibe dort! Sei
einfach still, vor jeder Wahrnehmung.

Der Wachzustand wird erkannt als etwas was
kommt und geht, und du verweilst vor diese
kommen und gehen, du verweilst als der
Zeuge der still und unbewegt ist.

Der Wachzustand mit seinen Erscheinungen wird vorüberziehen und die Quelle, der Urgrund wird objekt-los sein. Hier gibt es kein Wachen und kein Schlaf. Im dort ankommen, kann erfasst werden das du nichts sein kannst wo du ankommen kannst, das du nichts sein kannst was du selbst wahrnehmen kannst, in diesem Sehen und der Bereitschaft zur Wahrheit, geschieht ein absorbiert werden in die absolute Wirklichkeit die vor allem steht, ohne Wahrnehmung, zustandslos ist. Hier wird vollkommen erfasst was es bedeutet das alles Illusion ist.

DAS wurde nie verlassen, es ist deine Natur zu Sein was du bist. Lass die Energetik von Sein einfach ganz hier sein, in dem du umfänglich da bist.

Nimm einfach HIER Platz,
und Sei was du bist.

Das Ende der Wahrnehmung

Es gibt einen Punkt, in dem das Selbst für sich alleine im „dunklen Ozean" des Urgrunds steht und DU offensichtlich unverändert bist, wo nichts anderes ist.

Mit dem Interesse an DEM wie-es-ist zerfällt auch das in seinem Urgrund und geht darüber hinaus – in etwas wo es kein Rein oder Raus, oder etwas anderes gibt.
In einem pragmatischen Kontext könnte man sagen: Bleibe einfach an diesem Punkt wo du weder bist noch nicht bist, greife nichts auf und sei still – hier wurzelst du in deinem Selbst, wo nur DAS Selbst ist.

Im Wegfallen all dessen was sich als Erfahrung eröffnen kann, kann offensichtlich werden, dass du nicht an Erfahrung gebunden bist und nichts bist, was erfahren werden könnte. Maximal könnte gesagt werden, dass du das bist was Erfahrung ermöglicht aber keine Erfahrung notwendig ist, um DAS zu sein was du bist.

DAS bist du in jedem Zu- und Umstand.
Sei einfach, DAS was du bist.

Oder: Verweile in deinem eigenen Vergessen.
Wo die Geschichte und all die Dinge
beständig verblassen als wären sie nie
gewesen. Ein Lassen der Dinge, in dem selbst
DAS Selbst in jeder Hinsicht vergessen wird.
Darin wird erfasst, dass DU absolute
Wirklichkeit bist.

Wo jede Wahrnehmung zer-fällt, erfasst sich
absolute Wirklichkeit zweifelsfrei als DAS
was du bist. Ohne Zweifel, weil es zu DEM
nichts Zweites gibt. Es ist deine Natur vor
und inmitten jeder Wahrnehmung DAS was
du bist zu SEIN.

Sei einfach,
DAS was-du-bist.
Dies ist die Praxis,
der Weg und das Ziel.

Dein Leben ist nichts persönliches

Solange „dein Leben" etwas persönliches
zu sein scheint und es um dich geht,
um dein Glück, dein Leid, dein Traum, dein
Erwachen, dein Geschichte – kann im
Grunde nicht umfänglich erfasst werden,
dass DU DAS BIST.

„Dein Leben" ist nur eine geglaubte Idee,
verpackt in endlosen Vorstellungen.
Das einzige was in diesen Verpackungen
nicht enthalten ist, das bist DU.

Wenn einfach mal ganz direkt geschaut wird
wer da sucht, wer es ist der ein Leben haben
könnte, wird keiner gefunden. Mach das hier
nicht zum nächsten Glauben, schau für dich.
Schau was ICH ist, schau doch, ob da ein
Ich drinnen ist: „Ich" war und ist immer nur
eine Idee, die sich auf ein Objekt bezieht –
den Körper, die Empfindungen und Gefühle
und die Welt – um es real erscheinen zu
lassen und das hier zu „Jemand und Etwas"
zu machen. Doch wer oder was sieht: „Ich
und mein Leben"?

Was ist das was den Körper wahrnimmt?

Wer sieht die Gedanken?

Was nimmt die Empfindungen wahr?

Was ist das was das SEIN wahrnimmt?

Im nackten ungeteilten Schauen dessen was da erscheint, fällt das was ist aus sich selbst heraus in seine Grund-losigkeit.

Schau für dich im Unmittelbaren.

Hier wird es letztlich interessant, zu schauen wer es ist der schaut. Sich in dieser Richtungs-losigkeit wo nur das Selbst ist zu erfassen, sich sein zu lassen und DAS ohne Wenn und Aber zu sein was schon vor der Wahr-nehmung ist.

Das kann nicht gemacht werden, denn es ist DAS was du bist – die stille Schau zu SEIN öffnet den Blick auf DAS was Wahrnehmung IST. Der Selbst-Genuss liegt in diesem lebendigen Nicht-Wissen; hierin offenbart sich die unübertreffliche Schönheit zu SEIN was du bist. In diesem Nicht-Wissen zerfällt alles Wahrnehmbare in seine Quelle zurück und du bleibst offensichtlich als DAS was ununterbrochen und nicht wahrnehmbar ist.

Es gibt kein reales Ich

Es gibt ein „Gefühltes Ich",
ein „Konditioniertes - Erlerntes Ich",
den Eindruck von einem „Wissenden Ich",
ein „Bezeugendes Ich" – dennoch ist da kein
„Substanzielles Ich". Schau es dir an! Es gibt
kein reales Ich, das Substanz hätte.
Das ist alles Fiktion.

Das Leben ist ein unpersönlicher Ablauf.
Alles ist DAS.

Kein reales Ich nirgendwo
mehr vorzufinden,
und zu Sein was du bist,
ist Selbst-Verwirklichung.

DAS ist Stille

DAS Eine Selbst meditiert über sich sich selbst. Neun Uhr Morgens, ich bin schon vor drei Stunden aufgestanden, eigentlich schon länger wach. Ja, spannend einfach zu sehen was geschieht, wenn nichts passiert und man auch nichts tut. Warum? Weil die ganze Zeit irgendwas stattfindet – permanent. Weil im Inneren beständig ein Geschehen stattfindet, aus dem heraus Handlung, Leben geschieht. Dieses einfach zu bemerken, ein Wach-Sein, ein Still-Sein, bemerken was im Organismus – im organischen SEIN – vor sich geht. Körper-Empfindung, Energetik... Und irgendwann bringt das ein Bild hervor und dort versucht der Body-Mind anzuknüpfen. Und es ist scheißegal ob es ein Heiliges Bild ist, ein gesundes Bild oder irgend ein dramatisches Bild. Wirklichkeit entspricht keinem Bild, DAS SEIN entspricht keinem Bild – DEM gib dich hin, lass DAS dein Höchstes sein was in allem IST.

Bemerke einfach was da gerade jetzt auftaucht, wie die Bilder, Gefühle, Gedanken an dir festmachen wollen, wie sie Geschichten und Schubladen generieren.

Bleib einfach bildlos hier. Vertrau dich einfach in der Energetik die da ist, dem ungeteilten Sein an. Das geht am leichtesten wenn du bereit bist den Atem zu spüren, so wie er geschieht – bereit bist zu spüren, was an Intensität in dir los ist. Diese Intensität zu fühlen, auszufühlen, ganz damit zu sein. Hier kannst du schauen, was in dir selbst keine Konstruktion ist. Und es kann immer wieder passieren, dass der Body-Mind versucht etwas daraus zu machen. Wenn du es bemerkst, schau was jetzt wirklich ist, schau wie es sich anfühlt, und darin schau was nicht konstruiert ist. Das ist das ICH BIN, was kein Objekt ist, keiner Form entspricht, keine Qualität hat und deine wahre Natur ist.

Das hier ist einfach eine Einladung im Unmittelbaren anzukommen, und sich DEM anzuvertrauen was unvermittelbar ist. DAS Absolute manifestiert sich hier als das was gesehen und erlebt werden kann. Doch was sehen wir: Den Schrank, den Teppich, die Körper, und dann wird eine gedankliche Beziehung dazu hergestellt, ganz unbewusst, automatisch. So ist die Einladung hier, in der Direktheit des Erlebens anzukommen, und darin frisch zu entdecken was kein Objekt ist. Dazu kannst du keine Beziehung herstellen, weil DAS kein Objekt ist. Daraus eröffnet sich Einheit. Daraus erwächst Gewissheit – in diesem Unvermittelbaren, was immer ist – dass du DAS bist, und das was erscheint dein Erscheinen ist.

Es ist total verrückt, weil die Suche nach Erleuchtung, die Suche nach Gott, nach Befreiung, nach Liebe, nach Frieden, nach der Wahrheit, ein schräger Witz ist. Warum? Weil DU DAS BIST, du bist Liebe, du bist Stille, Frieden, du bist DAS was Wahrheit ist. Du bist das was du suchst. Du bist das eine Selbst. Du bist Erleuchtung. Das Licht in dem die Dinge auftauchen, das ist deine Erleuchtung. Das alles hier kann nur erscheinen weil du bist. Ja natürlich kann man sich DAS nicht persönlich zu eigen machen. Leben ist auch keine persönliche Veranstaltung. Du kannst ES dir nicht persönlich zu eigen machen, nach dem Motto: So jetzt bin ich erleuchtet.
Doch du kannst es einfach SEIN, es ist deine Natur. Du kannst einfach von der Schönheit kosten die da ist. Du kannst einfach von der Freiheit kosten die da ist. Du kannst von dem Frieden kosten der da ist. Du kannst von der Liebe kosten die da ist und einfach

lieben. In diesem Schmecken dessen was DA IST, bist „du" weg.

Hier wurden viele spirituelle Praktiken geübt, viel Innere Arbeit gemacht, viel Meditation praktiziert – um zur Erleuchtung zu gelangen, um Befreiung zu erreichen, um frei zu sein, um dem Drama zu entgehen, um die Wahrheit zu finden. Spannenderweise hat sich irgendwann die Suche nach Erleuchtung als Wahnsinn dargestellt, als ein Fake. Illusion, weil DAS woanders gesucht wurde, was immer hier ist, weil DAS HIER Erleuchtung ist, es das ist was DU BIST. DAS HIER ist Freiheit. Und die Person, das Individuum ist nichts als ein falsches Bild, nur ein Strich in der Landschaft – der keine reale Substanz hat. Es wird weiter meditiert, ohne Absicht ohne Ziel, HIER erfasst es sich, ganz aus sich heraus, darin liegt die stille Schönheit zu SEIN, was du bist.

Es ist DAS Selbst was zu sich Selbst erwacht und in diesem falschen Traum vorgegeben hat Person und Individuum zu sein. Und es meditiert einfach weiter. Warum? Weil es eh nichts anderes gibt. ES meditiert in allem über sich selbst. Es gab nie etwas Anderes, und in der Hinwendung an die Stille und das was ist, wird offensichtlich, es gab und gibt nie etwas Anderes. Und die Schönheit dessen findet sich im Offensichtlichen – nicht in der Erkenntnis von Vorgestern. In der Offensichtlichkeit dessen was hier ist, offenbart sich das EINE. In der unmittelbaren Erfahrung wird offensichtlich, dass du selbst das Unvermittelbare bist. Daraus eröffnet sich – da ist nur Einheit.

„Es ist unfassbar. Dieses Gespräch behandelt exakt genau das, was sich seit gestern wie ein Film auf einer Endlosspur in mir abspielt, und worin ich den Ausschaltknopf nicht finde."

Es gibt kein Aus-Knopf. Indem es vorbehaltlos geschehen darf, verliert sich der „Film"... wertvoll mit allem entspannt und wach zu bleiben und darin ungeteilt zu schauen. Selbst mit Härte oder Anspannung kannst du entspannt sein.

„Es ist ein uraltes Muster, ein Bild, eine verborgene Struktur, mit einer heftigen Identifikation. Gefühlt seit ewigen Zeiten in mir vorhanden. Der Verstand versucht ständig das zu händeln und Lösungen zu finden für eine empfundene Sackgasse, und stößt dabei ständig an seine eigenen vorgestellten Wände."

Das Geheimnis: Es gibt keine Lösung, und du bist frei – DEM vertrau dich voll und ganz im Wortlosen an. Lass „den Film", „das Muster" vorbehaltlos geschehen... und schau einfach bildlos in die Energetik des SEIN's, darin löst es sich vielleicht auf, oder auch nicht. Schau einfach wer du bist - gib dich dem hin, SEI DAS.

„Die letzten Wochen, Monate kam es im Zuge von Ereignissen immer wieder mal mehr oder weniger heftig hoch.
Es hat mit der Konstellation in meiner Familie zu tun, in der ich aufgewachsen bin und ist in allen Beziehungsformen gegenwärtig, wenn auch meist „schlafend".

Frage dich einfach, wer „ich" ist?

Sicherlich geht es um keine Antwort oder das was bereits erkannt wurde. Sondern darum sich dieser offenen Frage im Gegenwärtigen zu widmen, sich der offenen Frage hinzugeben und zu SEHEN – darin vorbehaltlos zu sein, ohne sich Name und Form, ein Bild zu eigen zu machen. Und genau das ist der Punkt: Im vorbehaltlosen Schauen und SEIN, in der Energetik-des-Seins selbst, ist unumstößlich und offensichtlich, dass DU an dem Theaterstück nicht teilnimmst. Dem bleibe treu, DEM widme dein SEIN, SEI DAS.

Lass es sich in der Sattheit der Stille nähren, lass es genährt sein, in diesem ungeteilten-Mitgefühl, wo nur NUR-Sehen-ist.

„Wie löst man eine immer noch stark wirkende Struktur auf,... die einen zu irgendwelchen Handlungen treibt, die diese Struktur letztlich auf diese Weise nur zementieren? Geht das überhaupt?"

Nur das was IST, ist von Bestand, alles andere ist von vergänglicher Natur.
In seiner Vergänglichkeit soll es kommen und ver-gehen. In diesem vorbehaltlosen Geschehen-lassen, erfasst sich die Vollkommenheit des SEINs selbst.

Wie man das auflöst, wie hier durchgängig erwähnt, „mit Haut und Haaren" DAS zu sein, darin löst sich was sich jetzt lösen kann,... und genau darin wird durch dein ganzes SEIN offensichtlich, dass du DAS bist, dass du Jetzt und IMMER frei bist. In der Bewegung des Lebens, gib dein Leben DEM LEBEN hin, in dem Wissen dass es dir nie gehört hat. Lebe praktisch mit dem was ansteht, und sei still wenn der Raum dafür da ist. Das ist keine Sache des Tuns oder des Werdens, mehr eine Sache des Lassens und Seins...

Beständig still zu Sein, sich hinzugeben an das-was-ist, einfach nur gelassen still zu sein, darin wirst du mehr und mehr absorbiert, von DEM was-du-bist, so dass sich die Frage nach Auflösung von „etwas" auch kaum noch stellt — weil Freiheit umfassend offensichtlich ist, und du DAS bist.

Selbst wenn es tiefe Einblicke und ein Erwachen in deine Natur gab, dreht es sich weiter um das scheinbare Ich, wenn du deine Geschichte oder einen Teil davon bewahren willst, du dich als Ich, als Individuum wähnst. Es geht nicht darum das praktische Leben zu verwerfen, nur in jeder Sequenz von Leben DAS-zu-sein was nicht geboren wurde und nicht sterben wird und einfach zu sein...

Widme dein Sein dem SEIN und bleib HIER, darin bleibt nichts anderes, das ist Freiheit. Es ist egal ob du auf dem Berg lebst, am Fuße des Berges oder mitten in der Stadt.

Ohne Hingabe ist alles nutzlos, Selbsterkenntnis, Erwachen, Befreiung, alles was
gewollt oder lieber vermieden wird, nichts
von dem gehört dir. DEM gib dich hin, darin
erfasst es sich ganz und gar, das ist alles.

Wenn man aufhört...

Es gibt Menschen, die meinen zu „wissen",
als eine Art Verstehen oder Bewusstheit.
Und sie hoffen, dass das Wissen, die richtige
Methode, eine passende Therapie und „was
auch immer" zu Frieden, Akzeptanz, Glück,
einem Gott-gleich-Sein und der Realisation
von DEM was man ist führt. Statt zu sein
was man ist und sich dem total anzuvertrauen, DEM zu überantworten, wird sich
immer wieder von neuem ein Weg im
Verstand – in Zeit, Bildern und
Interpretationen – ausgedacht.

Wenn man genug hat von den Spielen im
Traum, ist es genau anders herum, man
vertraut sich der wort-losen Tatsache an,
ICH BIN DAS und DAS ist alles was ist.
Und gibt sich dem wort-los mit allem hin.

Wenn man aufhört etwas „anderes" werden zu wollen... Wenn man aufhört erkennen, erfahren, wissen, verstehen, fühlen, erleben zu wollen... Wenn man aufhört DAS Absolute oder etwas Relatives „werden zu wollen"... ...bleibt nur DAS was man ist. Es wird mehr als offensichtlich, dass du Parabrahman bist, DAS was man seiner Natur nach ununterbrochen ist.

Dazu gibt es im Grunde keine Erfahrung auf die man sich berufen könnte, denn jede Facette von SEIN bist du ungeteilt. Du bist das – nur nicht das Wort, nicht die eine Vorstellung „darüber". So wie das Wort Löffel und die Vorstellung von einem Löffel, kein Löffel ist. Reines Nicht-Wissen, Wort-loses SEIN – ist das was du ununterbrochen bist.

Es gab nie ein Ich, das erleuchtet wurde. Es ist deine Natur und die ist immer hier; sie wird sich ihrer Selbst gewahr und darin erfasst ES SICH – dieses SEIN hat keinen Besitzer. Dieses Männlein das du bist, das Männlein das ich bin, hat keinen Vorteil davon – und das könnte ein Vorteil sein, nichts was es hier zu behaupten gibt.

Eine Schönheit zu sehen: Nichts hat Bedeutung, da ist keine Besonderheit, da ist keine Trennung. Bewusstsein und seine Inhalte, Form und Leere, alles ist ZERO.

Wo die Selbst-Behauptung endet, ist das „Scheinbare-Ich" aus einer Unmittelbarkeit enthauptet und es bleibt nur DAS was Sein ist.

Praktisch könnte man sagen: Gib die Täuschung, das Leid, die Erfahrung und den Erfahrenden auf – nimm die Finger raus, und sei das was unbewegtes, wort-loses SEIN ist und du bist offensichtlich DAS was du in deiner Natur bist. Doch das ist keine Technik oder etwas was man tun. Es ist noch näher als nah, bleib einfach – ohne Bild DAS was kein Konzept ist – DAS was du bist kann nicht erreicht werden, du kannst es nur SEIN. Jede Sequenz von Sein ist leer, da ist nichts und niemand drin – da ist nichts raus zu holen. Und nichts was je verloren war. Jeder Atemzug, der aus dir herausströmt berührt IHN – jeder Atemzug, der in dich hinein fliesst berührt IHN. Du bist ER, DU BIST DAS, und DAS ist alles was ist.

DU BIST DAS, dem vertrau dich wortlos an.

Erwachen – DU BIST DAS

Erwachen zu DEM was Wirklichkeit ist.
Erwachen – jeden Morgen wachst du auf –
DU BIST DAS. Und das was du bist hat nicht
geschlafen. DAS wird beim Erwachen nicht
wach und schläft beim Einschlafen nicht ein.
DAS ist kein Objekt der Wahrnehmung,
es ist DAS was Wahrnehmung ermöglicht.
DAS passiert niemandem, da gibt es keine
Berichte, Geschichten und Erzählungen
darüber, für DAS ist nie etwas passiert.
Sich DEM gewiss zu sein, darin erfasst sich
die Höchste Wirklichkeit. DAS ist das Ende.
Und da ist kein Ende in Sicht. Im nächsten
Moment erwacht es zu sich jetzt hier, es
tanzt mit sich – unbewegt. Erwachen ist
kein persönliches Happening, es ist DAS
was geschieht. „Kein persönliches
Happening" heißt: Erwachen bringt keinen
Erwachten hervor, DAS hat keinen Besitzer.

In der Bereitschaft, mit dieser Endlosigkeit
zu sein, ohne Hoffnung, ohne Alternative,
ohne Ziel, ohne dem Body-Mind auf-
zusitzen... Ohne Ausweg – weil ich mir
nirgendwo entgehen kann, einfach still mit
dem was ist...

DAS ist alles. Darin ist es aus. Alles was auftaucht, erscheint spontan, kommt aus dem Nichts und verliert sich auch wieder, genauso... Darin bleibt nur das was DAS Selbst ist. Schau es dir an, nichts ist besser als DAS.

Alles was auftaucht, alles was erkannt wird, ist etwas was kommt und geht – selbst das absolute Nichts – nichts an dem du halten kannst. Nichts an dem du halten musst, alles ist immer hier und DU bist nichts von dem was erscheint. Sei einfach mit dem was unmittelbar ist – darin ist beständiger Friede. Darin bleibt nur das was Wirklichkeit IST, und keine Wirklichkeit kennt – Sei einfach hier, mit dem was ist.

Vergiss es...

Vergiss es, es ist ein Traum im Traum. Gestern sagte ich im Satsang: „Spiritualität ist ein Scheißdreck". Gemeint ist diese Spiritualität, bei der dir erzählt wird wo du dich noch hinentwickeln kannst. Wohin denn? Schau es dir an, DAS was du bist ist unbewegt und zustandslos DAS was es ist. Nimm die Finger raus und lass es sich abwickeln. Und die Freiheit deiner Natur offenbart sich umfassend als DAS was ist.

Es wird erzählt was du alles werden kannst, wie du dein Potenzial entfalten kannst, kreativer, authentischer, und, und, und... Vergiss es, du bist DAS Potenzial und DAS findest du in keiner Falte. Und das was du werden kannst – in dem Moment in dem du es scheinbar erreicht „hast" ist das „Verfallsdatum" bereits abgelaufen und es ist nichts mehr wert, zumindest nicht das was man dir versprochen hat. Also wird alsbald der nächste „spirituelle Dienstleister" aufgesucht und übermorgen ist es wieder was anderes. Um endlich... ja was denn?

Auch wenn du meinst, triftige Gründe zu haben hier und dorthin zu gehen, dies und jenes zu machen, ist es doch letztendlich immer nur eine Vorstellung des Ich-Geistes. Immer ein Objekt, was das nächste jagt, und das geht weiter und weiter... um nicht sehen zu müssen, dass du vollkommen DAS Selbst bist und darin nichts bist.

Das ist ein endloser Traum im Traum. In DEM gibt es kein Näherkommen, kein Erinnern, kein Bewusster-Werden, es endet HIER, es erfasst sich HIER. Dieses Erfassen ist seinem Wesen nach endlos, lass es umfänglich geschehen.

Absolute Wirklichkeit bist du

Absolute Wirklichkeit eröffnet sich im
Erscheinen JETZT HIER, es ist deine Natur
und trägt keinen Namen. Du musst nichts
machen um es zu sein.
Es ist eher umgekehrt, greife nichts auf,
sei identisch mit dem was IST.

Alles, was erscheint, sind die Glieder des
Absoluten – du selbst, in deinem Erscheinen.

Alles, was dem scheinbar entgegensteht,
kann der absoluten Wirklichkeit nichts
anhaben, und fällt in der Zweifels-Freiheit
des unmittelbaren Seins, augenblicklich,
als wäre es nie gewesen.

Alles ist DAS, und DAS bist du.

Vergiss alles...

Vergiss alles und SEI wahrhaft gesegnet.
DAS Selbst zu kennen und es durch sein
leben-diges Sein voll und ganz zu sein,
darin erfasst es sich. DAS was schaut ist
DAS was du bist. Da gibt es keine Trennung,
da ist nur Sehen-und-Sein.

DU BIST, das ist unverändert. Sein an sich
ist in dir und um dich herum. SEIN an sich
ist alles was ist. Da verweile und DAS Wesen
an sich erfasst sich ganz aus sich heraus...

Vorstellungen, Identifikation und Individualität fallen von selbst. Und im Da-
Bleiben und dem Nicht-Aufgreifen dessen
was kommt und geht, bist du wahrhaft und
überfliessend gesegnet, von DEM was du bist.

Es ging nie um dich – SEIN an sich lebt sich
durch alles, genau so wie es sich lebt. Da ist
so wenig Interesse an der Person, oder einer
Geschichte. Klar, das Leben läuft... lass es
doch laufen, lebe, liebe und bleib still. Das
praktische Wesentliche was ansteht wird
getan – da gibt es nichts zu drehen oder zu
konzeptualisieren. Und dann...

tue nichts, entspann dich, lasse alles sein
wie es ist, sei mit der Energetik des Seins,
die ungeteilt durch alles ist; sei einfach –
verweile in DIR und lasse das Innere und
Äussere aus sich heraus im SEIN münden.

Aus sich heraus wird im Still-Sein gesehen,
dass DAS was du bist ununterbrochen über
sich selbst meditiert. Sei Still, lass dich
einfach erfasst sein. Still schauend, ohne
Ziel, darin erfasst sich DAS, ohne einem
Bild zu entsprechen...

Es braucht nur die Bereitschaft, nicht zu
wissen und sich DEM hinzugeben was
gewiss ist. Darin ist man überfließend und
wahrhaftig gesegnet. Sich DEM vollkommen
anzuvertrauen und DAS zu sein, das ist alles.

Alles ist eine Illusion

Ich bin nirgends zu finden! Ich bin nichts von alledem was erscheint. Alles ist in mir, aber ich bin nichts davon; und ich nenne mich auch nicht das große Ganze, denn ich bin nicht Name und Form – ich bin nichts, was man beschreiben kann. Alles was man beschreiben kann sind Zustände, Dinge, Objekt, die kommen und gehen. Alles was kommt und geht ist Illusion.

Ein direkter Hinweis: DU bist immer hier. DEM vertrau dich an.

Es gibt zwei direkte Wege, die Illusion als Illusion zu erkennen und DAS Selbst zu realisieren als DAS was du bist: Das Eine ist Jnana – Selbsterforschung und die direkte Schau deiner wahren Natur. Und der andere Pfad ist die Hingabe an Gott, den Guru, DAS eigene Selbst. Beide Wege führen unmittelbar in die direkte Schau dessen was IST und führen über alles hinaus in DAS Unvermittelbare, die Offensichtlichkeit, dass du ununterbrochen DAS EINE Selbst bist. Diese direkte Schau dessen was du bist und das beständige ungeteilte damit SEIN lässt dich in dem wurzeln was du bist.

So geht es nicht darum, das was ist als Illusion abzutun. Das was erscheint ist die Verwirklichung der Wirklichkeit und es ist DAS was du bist – da gibt es keine Trennung. In der Hingabe an DAS Unmittelbare Sein lösen sich die Konzepte, jemand und etwas zu sein, mit ihren dahinter schlummernden Ladungen ab und es offenbart sich – es kann gesehen werden was von allen Erfahrungen unberührt IST. Aus sich heraus wird offensichtlich, dass DAS das einzige ist was Wirklichkeit hat und Realität ist und dass DU GENAU DAS BIST.

HIER im Unmittelbaren erfasst es sich, lass es sich erfassen.

Es offenbart sich

Letztlich kann es nicht in Worte gefasst
werden – Ausdruck findet statt, in welcher
Form auch immer. Es geschieht ungebunden,
ohne Zensur, das was geschieht. DAS führt
nirgendwo hin, weil es in allem ist was es
ist. Wo keine Trennung gesehen wird fällt
DAS Selbst auf sich zurück und entdeckt in
allem die Süße der Liebe, die Stille des
Seins, die Freiheit zu SEIN was-du-bist.
Es offenbart sich in seiner unfassbaren
Schönheit, einfach hier, mit dem was ist.

Es ist verrückt: Wird erfasst, dass alles was
erfahren und erlebt wird im Grunde Illusion
ist, nichts da ist was eine feste Realität hat,
da einzig ein beständiges Vorübergehen ist –
ist nur ein endloses Wegfallen von dem was
man als Realität glauben könnte. Genau dies
offenbart die Freude, die immer ist, da du
selbst DAS Beständige, Unfassbare und immer
Gegenwärtige bist...

Back to THAT Root

Im Grunde gibt es nur zwei Zustände, wie DAS Leben sich zeigt – Anwesenheit und Abwesenheit. Jeder erlebt das – Wachzustand und Tiefschlaf. Im Wachzustand kann alles mögliche und unmögliche an Erfahrung passieren. Der Tiefschlaf ist die Abwesenheit von Bewegung und Erfahrungen. Das was auch im tiefen Schlaf übrig bleibt, ist DAS was Wirklichkeit ist, und DAS ist ununterbrochen DAS was-du-bist.

Nichts was Realität hat

Die Illusion liegt in dem Glauben, dass es überhaupt so etwas wie eine feste Realität gibt. Alles was erfahren wird ist beständig vorübergehend, da ist nichts was eine substanzielle Realität hätte. In Wirklichkeit kommt nichts, geht nichts und ist nie etwas geschehen. Und das was hier geschieht, lass es geschehen. Halt dich einfach an DAS Sehen-und-Sein.

Auch wenn es ein guter Hinweis, eine gute Ausrichtung ist, selbst das viel zitierte „Jetzt" geht im Tiefschlaf vollständig verloren. Wird das erforscht und entdeckt, wird gesehen: Wir, du, ich selbst bin DAS was Realität ist – doch DAS ist kein Phänomen.

Die Erforschung ist sehr simpel, lausche und schaue einfach dein eigenes Sein, bleibe bei diesem Ich-Empfinden, wie auch immer es sich zeigt, schau und erlebe einfach wortlos das, was IN DIR kommt und geht.
Gleich, was über dich kommt: Erkenntnisse, Erwachen, Erleuchtung, Wissen und

Unwissen, gute Zeiten, schlechte Zeiten,
Sommer und Winter – so wie es kommt,
wird es auch wieder gehen.

Doch DU bist undefinierbare Anwesenheit,
in der sich An- und Abwesenheit die Hand
reichen. Du bist, doch das ist kein Objekt,
in keinster Weise.

Die Brücke im Traum, zu dem was
Wirklichkeit ist, ist den Film vorbehaltlos
durch-rauschen zu lassen. Und identisch zu
sein mit dem was ist. Diese Brücke führt
nicht auf die andere Seite, vielmehr wird
durch dein ganzes Wesen erfasst: Ich bin
DAS Selbst. Es gibt nichts anderes als DAS.

Wo ist DAS nicht?

Es gibt nichts zu tun,
außer, zu SEIN.

Sei einfach,
ohne Konzepte
zu beherbergen.

Die Erforschung,
in Stille, zu Sehen:
DAS Sein ist immer!
Wann und wo ist DAS nicht?

Erwachen zu DEM was du bist,
Selbst-Verwirklichung, ist ohne Zweites,
DAS zu sein was Selbst ist –
was DU immer schon ist.

In der Bewegung des Lebens immer wieder
das Bild über sich selbst und das was ist
ins Vergessen fallen zu lassen, sich von der
Gegenwärtigkeit ergreifen zu lassen und
zu Sehen, zu Sehen, zu Sehen und
zu Sein, das ist alles.

Wunschlosigkeit

Gib alle Wünsche des Geistes auf, und Sei
einfach. Darin ist Frieden, Erfüllung selbst.
Durch das Erfüllen von Wünschen entstehen
nur neue Wünsche und Konflikte. Denn jeder
erfüllte Wunsch hält nie das, was er ver-
spricht, und bringt nur weitere Wünsche
mit sich. Sei einfach DAS was-du-bist.
DAS genügt sich selbst und ist Erfüllung an
sich.

...alle Wünsche und der, in dem sie auftauchen, erscheinen spontan aus dem was
Wunsch-losigkeit ist. Greif es nicht auf und
Sei DAS was ist. DAS Selbst ist Wunsch-
losigkeit an sich.

Der letzte Wunsch ist der Wunsch nach
Selbstverwirklichung, Erleuchtung, Erwachen,
das Aufgehen und Erlöschen in Gott: Im
Grunde ist es der Wunsch vollkommen
wunschlos zu sein.

Sich DEM was ist bildlos im Gegenwärtigen
zu widmen, löscht den Wünschenden mit
seinen Wünschen aus.

Richte dich einfach beständig neu, mühelos aus, auf das was immer IST; das ist in sich wunschlos – Frieden an sich.

Wenn ein Wunsch auftaucht, und du siehst, dass du ihm nachgehst, mach kein Problem daraus. DAS Leben findet spontan aus sich heraus statt. Kümmere dich nicht um den unruhigen Verstand, mit dem was er als Problem oder als wünschenswert benennt. Sei einfach nah mit DEM was dir das Wertvollste ist. Sei einfach HIER – mit dem was ist. Darin bist du dir dein eigener Segen. Wenn es an dieser Stelle etwas zu erforschen gibt, schau: WER ist es, der „dies und jenes" braucht?

...Ich...

Wem erscheint das Erleben Ich?

...MIR...

WER bin Ich?

...ICH BIN...

Wem erscheint das ICH BIN?...

...MIR...

WER BIN ICH?

In der Losgelöstheit und der offenen Frage
„WER...?" lösen sich die Gedanken und
Bilder IN DIR.

Darin zer-fällt Subjekt und Objekt, der
Wünschende und seine Wünsche, und es
bleibt nur Wunsch-losigkeit an sich,
DAS was das Selbst ist. Alles was ist, ist
hier. Sei einfach mit dem was ist, das ist
Frieden. Wenn das nicht genug ist, ist auch
alles andere nicht genug.

Das Leben ist pragmatisch und darin sich
selbst erfüllend. Es geht um das Wesentliche
und DAS Wesentliche, darin fehlt nichts.

Gehe in dem wortlosen Wunsch auf, DAS zu
sein. Alles andere lass gehen. Im Wort-losen,
weder dies noch das zu sein, bist du DAS
was das Selbst ist.

„Das Erkennen geschieht spontan, in einem Moment, die Erforschung von DEM ist ohne Ende." (ICH BIN - Nisargadatta Maharaj)

Die frische Erforschung von DEM

Die Erforschung der Frage „Wer Bin ich?" bringt ihrem Wesen nach keine geistig, kognitive Antwort hervor – es eröffnet das SEIN, als das was ich bin.

Ob sich DAS Selbst erkannt hat oder nicht, in der offen Nicht-Antwort zu verweilen ist sehr einfach und darin eröffnet sich aus sich heraus die Vollständigkeit zu SEIN was-du-bist. Das ist für jeden, der sich dafür öffnet, zugänglich, weil es hier und immer deine Natur ist. Im stillen, nicht-suchenden Verweilen wird es sich selbst zur über-fliessenden Gnade des Offensichtlichen, DAS Selbst zu sein. Es wird sich selbst zur Gnade der vollkommenen Stille, die umfänglich hier ist.

Es könnte sein, dass aus sich heraus an einem Punkt, die Frage aufkommt, wer es ist, der das SEIN wahrnimmt? Wer du warst bevor dies Empfinden zu SEIN über dich kam?

...oder anders gefragt: Im Tiefschlaf oder der objektlosen tiefen Meditation gibt es weder dich mit einem Body-Mind, noch die Welt oder das Universum, noch dies Empfinden ICH BIN, dennoch musst du sein, dass diese absolute Abwesenheit anwesend sein kann ...wenn dieses Empfinden zu SEIN, das Gefühl anwesend zu sein mit dem Wach-zustand verschwunden ist, Wer bist du?

Erwarte keine Antwort,

...dazu gibt es keine Antwort. Dorthin reichen weder Worte, noch schweigende Stille. Zu- und Umstände kommen und gehen. Wo du weder weißt noch nicht weißt, da bleib. Im Unmittelbaren offenbart sich DAS was unvermittelbar deine Natur ist. SEI DAS.
Die Hingabe an DAS was ungeteilt und ohne Trennung immer hier IST, ist das torlose Tor in DAS Absolute Selbst. In der Hingabe an DAS was hier ist geschieht ein endloses

Vertiefen in DAS SEIN. Die Vertiefung in DAS was du bist, geschieht durch die Bewegung des Lebens selbst. Es geschieht durch das Mensch-Sein und alle seine Ge-Schichten der Existenz. Es geschieht durch den endlosen Frieden wortloser Stille – in der Abwesenheit der Begriffe und Objekte erfasst es sich – ungeteilt bist du vor allem vorhanden. Lass es geschehen. Die Bewegung der Vertiefung kennt kein Ende... sich dieser Endlosigkeit hinzugeben, ist unmittelbares Erfassen und Erfüllung an sich. Das, was jede Bewegung wahrnimmt, ist unverändert. Das, was die unveränderliche Wahrnehmung „wahrnimmt", ist nicht wahrzunehmen und DAS bist du. DAS ist kein Objekt der Begrifflichkeit und immer HIER – offensichtlich DAS was-ich-bin.

Dazu gibt es kein Wissen als etwas was gewusst werden kann. Wissen ist SEIN an sich, was SEIN ohne Zweites ist.

DAS Absolute in seiner Natur und das Erscheinen von Existenz sind nicht voneinander verschieden. Es gibt keine Trennung in deiner Natur. DAS ist kein Objekt und es ist alles was ist und DAS bist du.

Vergiss alles was du meinst zu wissen oder nicht zu wissen und sei einfach.

Lass es sich erfasst sein.
SEI DAS, was Sein ist.
Sei einfach.

Zuletzt

Verweile in deinem eigenen Vergessen; im nicht-Ergreifen dessen was kommt und geht fallen all die Vorstellungen und Bilder, und du fällst bis in die Quelle, die nie verlassen wurde. Wo nur SEIN ohne Zweites ist.

Ein endloses Paradox: „Du fällst bis in die Quelle, die nie verlassen wurde." Dieses Fallen ist schon bewegungslos, und DAS was du bist, was schon vor jeder Wahrnehmung absolut unbewegt und zustandslos ist: DAS BIST DU.

Kenn dich als DAS was bereits war,
bevor Wahrnehmung aufgetaucht ist.
Lass dich erfasst sein, und sei was du bist...
Das kann nicht gemacht werden,
weil du es bist, also SEI DAS.

DAS hat den Traum nie betreten und ist
in jedem Zu- und Umstand ungeteilt das was
es ist. Hier mittendrin das zu sein was kein
Objekt ist, darin ist der natürliche Zustand,
zu SEIN was-du-bist vollends erfasst.

Die Tür zum Absoluten, dessen was DU BIST,
ist im Zustand des Vergessens zu verweilen.

Lass alles gehen, was du „als dieses und
jenes" benennen kannst. Greif nichts auf,
vergiss alles und sei still.

Halte die Perle des Seins bei dir

Es ist immer schon vollbracht.

Lass es sich selbst vollkommen als DAS
erfassen was Wirklichkeit ist.

DAS kennt kein Ende,
sich dieser End-losigkeit zu überantworten,
darin liegt die Offensichtlichkeit und die
Schönheit DAS zu Sein was du bist,
genau so wie du bist.

Halte einfach
die Perle des SEINS
bei DIR...

Satsang mit Ronny

Satsang-Talks und gemeinsames
in Stille Sein finden regelmäßig statt.

Bei Interesse an Begegnung,
Termine und Kontakt unter:

http://rameshwara.de/

www.ronnyhiess.de

weitere Bücher von Rameshwara Ronny Hiess

Nondualität
Der Weglose-Weg
BoD ISBN: 9783743195431 / 204 Seiten
als Paperback und E-Book erhältlich

Aus dem Traum erwachen
Die Enthüllung des Einen Selbst
BoD ISBN: 9873741209694 / 144 Seiten
als Paperback und E-Book erhältlich

DAS HIER
Eine Liebesbeziehung mit Nichts
BoD ISBN: 9783732296545 / 272 Seiten
als Paperback und E-Book erhältlich